N
Kilometer
0
5
10
15
20
Schloß
Burg
Autobahn
Schwäbische Albstraße
RIEDLINGEN
SCHEER
SIGMARINGEN
Schloß
Münster
Zwiefalten
Wartstein
Gr. Lauter
HAYINGEN
Indelhausen
Wimsener Höhle
Gundel-fingen
Derneck
Hohen-hunder-singen
Bichishausen
Hundersingen
Butten-hausen
Mehrstetten
ZWIEFALTER ALB
VERINGENSTADT
Pfronstetten
HETTINGEN
Lauchert
Schmeie
Stetten am kalten Markt
Wilden-stein
Kloster Beuron
Stiegelesfels
FRIDINGEN
Werenwag
TUTTLINGEN
DONAU
SINGER ALB
MÜNSINGEN
GAMMERTINGEN
Winterlingen
Oberstetten
TROCHTEL-FINGEN
Neufra
Hohenstein
Gestüt Marbach
Sternberg
Bernloch
GROSSER HEUBERG
Bära
Gomadingen
Ebingen
Meßstetten
Nusplingen
Bitz
ZOLLERNALB
ALB-STADT
SPAICHINGEN
Engstingen
SCHWÄBISCHE ALBSTRASSE
Burladingen
Dreifaltigkeits-berg
Falken-steiner Höhle
URACH
REUTLINGER ALB
Bärenhöhle
Erpfingen
Braunharts-berg
Tailfingen
Würtingen
Honau
Lichtenstein
Hohenurach
Wasserfall
Stahleck
Sonnenbühl
Linken-bolds-höhle
Schalks-burg
Wandbühl
Lemberg
Greifenstein
Unterhausen
Nebelhöhle
Undingen
Onst-mettingen
Hundsrücken
Lochen
Schafberg
Hohe Warte
Schönberg
Genkingen
Kornbühl
Jungingen
Plettenberg
Drei-fürsten-stein
Eningen u.A.
Dettingen
Roß-berg
Hohen-zollern
PFULLINGEN
Gönningen
Achalm
BALINGEN
Zollernschlößle
SCHÖMBERG
METZINGEN
REUTLINGEN
MÖSSINGEN
HECHINGEN
Erms
Echaz
Starzel
Eyach
Schlichem
Gomaringen
Dußlingen
Steinlach
NECKAR
TÜBINGEN

Gerd Gaiser
Hermann Baumhauer

Fotos von
Albrecht Brugger
Dieter Geißler
Hellmut Hell
Rolf Lindel
Traute Uhland-Clauss
und anderen

Schwäbische Alb

Herausgegeben unter Mitwirkung des Schwäbischen Albvereins

Konrad Theiss Verlag Stuttgart und Aalen

Inhalt

Geleitwort

Eine der reizvollsten Landschaften unserer Heimat, die Schwäbische Alb, stellt dieser neue Band vor, der in Zusammenwirken zwischen Gerd Gaiser, Hermann Baumhauer, zahlreichen Fotografen und dem Schwäbischen Albverein entstanden ist. Dem Verlag Konrad Theiss möchte ich besonderen Dank sagen für die hervorragende Ausstattung dieses ansprechenden Buches, das gewiß in nah und fern viele Freunde finden wird.

Gerd Gaisers Text »Die Schwäbische Alb«, der Landschaft, Menschen und Kulturgeschichte der Alb in essayistischer Dichte erfaßt, läßt die jahrzehntelange Vertrautheit des Verfassers mit diesem Mittelgebirge spüren. So kann man das Wesen einer Landschaft und ihrer Menschen nur erfassen, wenn man sie erwandert hat.

Durch die »Schwäbische Alb im Bild« führt Hermann Baumhauer mit prägnanten kurzen Beschreibungen der einzelnen Landschaften, die die Bildfolge gliedern. Den mit Bedacht ausgewählten Bildtafeln folgt ein Erläuterungsteil mit Hinweisen auf Sehenswürdigkeiten in Natur, Kunst und Geschichte sowie mit nützlichen Tips zum Wandern und Schauen und einer Zeittafel, ebenfalls von Hermann Baumhauer.

Viel zu wenig bekannt sind die Kostbarkeiten der Schwäbischen Alb. Sind es doch gerade 150 Jahre, seit der erste Wanderführer über die Schwäbische Alb von Gustav Schwab erschien. In dieser Zeit der Romantik begann die Erschließung der Alb für Wanderer und Erholungsuchende. Der Schwäbische Albverein setzte diese Erschließung seit seiner Gründung im Jahre 1888 systematisch fort, gründete Ortsgruppen und Gaue und begann mit der Anlage eines zusammenhängenden Wanderwegenetzes, das heute im gesamten Vereinsgebiet fast 13 000 Kilometer umfaßt. Hinzu kamen viele Türme und Schutzhütten, im östlichsten Teil auf dem Ohrengipfel bei Nördlingen, ganz im Westen auf Lupfen und Lemberg. Später wurden größere und kleinere Wanderheime errichtet: auf dem Rauhen Stein oberhalb Beuron bei Irndorf, auf dem Raichberg bei Onstmettingen, dem Roßberg oberhalb Gönningen, Burg Teck bei Kirchheim, auf dem Wasserberg ob Schlat, dem Kalten Feld bei Schwäbisch Gmünd, um nur einige wenige zu nennen. Neuerdings kamen als wichtige Ausgangspunkte für genußreiche Wanderferien hinzu: Burg Derneck im Großen Lautertal, Weidacher Hütte bei Herrlingen und Eninger Weide nahe St. Johann. Aber das sind nur Beispiele für mögliche Ziele, ebenso anziehend sind die vielen Orte droben auf der Alb und in deren Umland, sie bieten gepflegte Gastlichkeit und verlocken zum Entdecken und Genießen, aber auch zu Entspannung und Erholung.

Der naturkundlich Interessierte findet in den zahlreichen Naturschutzgebieten und Naturdenkmalen vielfältige Betätigung, freilich sollte er dabei stets daran denken, daß er nichts zerstört oder beschädigt, er sollte sich erinnern, wieviel Mühe an Pflege zur Erhaltung der Landschaft aufgewendet wird – und daß er manchmal eben auf dem Weg bleiben muß, soll nicht Kostbares vernichtet werden: Orchideen, Enziane, Küchenschelle, Türkenbund, Akelei und Silberdistel ebenso wie letzte Horste von Uhu und Wanderfalk.

Höhlen, vorgeschichtliche Spuren, Wälle und Grabhügel fesseln den Freund der Heimatgeschichte, geben Zeugnis vom Wirtschaften des Menschen durch die Jahrtausende, denn es ist altbesiedeltes Land droben auf der Alb.

Prachtvolle Funde bieten die verschiedenen Schichten des Gesteinsaufbaues, Holzmaden mag nur als ein Beispiel genannt werden, aber auch die Landschaftsgeschichte wird lebendig in der Zertalung der Neckarseite oder dem gemächlichen Fließen der Bäche, die zur Donau streben, oder im Vulkanismus der Mittleren Alb. Von den karolingischen Klostergründungen über die große Zeit der Staufer bis hin zu den prächtigen Baudenkmalen der Barockzeit reicht die Spanne kunstgeschichtlichlicher Betrachtung. Ebenso wichtig, vor allem für die Bevölkerung der Schwäbischen Alb, war die wirtschaftliche Entwicklung und Erschließung: Bohnerzgruben, erste Eisenschmelzwerke, Feinmechanik und Tucherzeugung, Papierfabriken und Gerbereien, Glashütten, Spinnereien und Webereien, nicht zuletzt die Schaffung der Albwasserversorgung. Auch die Landwirtschaft, oft ringend mit dem kargen Boden, und neuerdings eine vielfältige Industrieproduktion geben Zeugnis vom Fleiß des Älblers, der sich nicht unterkriegen läßt.

Möge das Buch der Schwäbischen Alb viele neue Freunde gewinnen und auch denen Neues bieten, die schon lange diese Landschaft schätzen und sie erwandernd genießen.

Professor Dr. Helmut Schönnamsgruber
Vorsitzender des Schwäbischen Albvereins

Die Schwäbische Alb

von Gerd Gaiser

Ein Mittelgebirge

Als Mittelgebirge verzeichnet sie das Handbuch. »Schwäbische Alb« steht im Kartenbild, die Verkehrskarte nennt eine »Schwäbische Albstraße«. Wir Anwohner sagen: die Alb, auf die Alb fahren, auf der Alb wohnen.
Der Rücken der Alb zieht sich von Südwesten nach Nordosten. In der Gegend um den Dreifaltigkeitsberg bei Spaichingen reichen einige ihrer Erhebungen, so Lemberg, Plettenberg, Oberhohenberg über die Tausendmetergrenze. In allmählichem Sinken streckt sie sich bis hin zu dem prächtigen Ipf bei Bopfingen, der noch auf 668 Meter ansteigt, und dem noch eindrucksvolleren Punktum, welches ein kosmischer Einschlag hingehauen hat; es ist das Ries, ein kreisrundes Becken, aus dessen Mitte der »Daniel«, Nördlingens alter Kirchturm, emporsticht. Im Namen Ries soll die vormalige römische Raetia sich erhalten haben. Hinter dem Ries zieht die Formation sich als Fränkischer Jura fort bis in die Bayreuther Gegend, wo es eine »Fränkische Schweiz« gibt. Desgleichen schließen am anderen Ende sich Baar-Alb, Hegau-Alb, Randen und schließlich der Schweizer Jura an. Auch dort, wo der »Jura« französisch ausgesprochen wird, mutet die Kalklandschaft uns vertraut an, die Landschaft sogar, die der Maler Courbet in dem Bauernbegräbnis von Ornans erscheinen läßt. Das sind Zusammenhänge – auch der, daß die Wasser der Alb zum atlantischen wie zum pontischen Raum fließen. Wir nehmen sie gerne an. Das Stück freilich zwischen Randen und Ries ist schwäbisch, so selbstverständlich, daß wir davon gar nicht reden. Vorschwäbisch ist der Name der Alb und offenbar keltisch.
Gebirge: man weiß nicht recht, ob und in welchen Teilen man die Alb ein Gebirge nennen will. Die Flughöhe jedenfalls zeigt nicht, wie vielleicht erwartet, Spitzen und Zackenkämme. Darin liegt eine Eigenart. »Auf der Alb« findet man sich weithin in flach geschwungenem, sanft kuppigem, sogar »topfebenem« Gelände. Wir halten uns an die Perspektive des Fußgängers. Ihn mag sein Weg lange durch Felder, durch einen parkähnlichen Wechsel von Wiese und Waldstücken geführt haben. Erreicht er aber den Absturz und damit freie Sicht hinab auf tiefere Hangstufen, hinaus in das Vorland und darüber hinweg bis an den Schwarzwald hin, und hat der Blick tief unter sich Talnetze und Bachklingen und die in der Leere kurvenden Vögel – so ist das eben doch Gebirge. Klare Tage, besondere Standorte lassen auch gegen Süden die blauen Kulissen der Hochalpen sehen.
Der Versuch, die Gestalt der Alb grob vereinfacht zu geben, müßte beginnen mit zwei ungefähr parallelen Linien in gehörigem Abstand, der Donau im Süden, den Rinnen von Neckar, Rems und Fils im Norden. Dazwischen der lange Rücken als Stufe mit steilem Abfall zur Neckarseite, gegen die höher liegende Donau flach abgedacht. Der nördliche Trauf angerissen von kräftigen, tiefen Talkerben. Zur Donauseite der ruhigere Ablauf von Tälern mit minderer Aktivität der Gewässer, längere, geschlängelte Verläufe, auch Trockenrinnen.

Elemente: Wasser, Feuer, Stein

Wie entsteht eine solche Landschaft? Wer die Steigen zur Alb aufwärts fährt und die Hochflächen antrifft, hat es schwer mit der Vorstellung eines alten Meeresgrunds. Als Kindern wollte es uns nicht leicht in den Kopf, daß so hoch hinauf ein Meer sollte gereicht haben. Rätselnde »alte Leute« brachten denn auch die Schnecken, riesige manchmal, die sich versteinert sehen ließen, mit den Schrecken der Sintflut in Verbindung. Nun heißt das mit dem Meeresgrund so viel, daß die Alb aus den Sedimenten des Jurameeres besteht. Pressionen der Erdrinde, die mit der Auffaltung der Alpen zusammenhängen, schoben die Masse schräg auf, und der Druck verlief so, daß die Schichten zur Donau hin fallen. Die Wasserscheide verläuft dicht hinter dem nördlichen Trauf. Üblicher Spaß kannte die Häuser, deren Dachwasser hier die Nordsee, dort den *Pontus Euxinus*, das Schwarze Meer speise. Das lebhaftere Temperament des Neckarsystems reißt den Trauf an und schlitzt ihn ein. Er wird insgesamt einwärts abgetragen, freilich in Dimensionen der Zeit, die sich menschlicher Wahrnehmung entziehen. Brocken, die da und dort Widerstand leisteten und die man Zeugenberge nennt – Zeugen des Rückzugs –, sind Marken früherer Erdehnung. So gräbt recht wörtlich das rheinische Einzugsgebiet der Donau das Wasser ab.

Die Alb ist verkarstet. Zahlreiche Trockentäler der Hochfläche haben vor Zeiten ihr Wasser oberirdisch geführt. Es gibt Senken und Wannen, die bei starken Niederschlägen sich füllen; kurzfristig nur, denn das Wasser fällt schnell und unaufhaltsam durch das Geklüft. Daher rührt ein natürlicher Notstand der Albhochfläche. Die wenigen Stellen, an denen auf Lehm oder Tuff Wasser stehen blieb, waren lebenswichtige Orte für die Bewohner. Erst das Werk der Albwasserversorgung hat in den Jahren 1869 bis 1881 für an die 400 Gemeinden ihren Bedarf gesichert. Indessen überquert selbst das Bodenseewasser den Albrücken.

So hastig das Wasser sich von den Oberflächen abzieht, so reichlich tritt es in tieferen Lagen heraus. Da bilden sich Quelltöpfe. Oft geht es in ihnen unregelmäßig zu: Je nach dem Stand des Karstwasserspiegels verlechen die »Hungerbrunnen«, brechen die »Brüller« unversehens aus. Unter den Quelltöpfen bietet das eigenartigste Schauspiel der Blaubeurer Blautopf: durchsichtiges, »optisches« Blau gegen das frische Grün der Buchenspitzen, das hängende gelbe und rote Gezweig im Herbst, das Braunlila der laublosen Zeiten, gegen winterliches Reif- und Schneeweiß.

Schwer hat es die Donau: Kaum hat sie ihre Schwarzwaldgewässer eingesammelt, zapft der Grund ihr den Vorrat ab. Das sind die Stellen der Donauversickerung, wo das Wasser wie über einen Rost läuft und dem Bodensee zugehen will. Doch sie schafft gegen Sigmaringen hin ihren imposanten Durchbruch, fließt stattlicher unter den Hochufern der Heuneburg und der Abtei Obermarchtal fort und tritt in Ulm schon fast in die Rolle des Stroms ein, schiffbar für die Ulmer Zillen: der nämliche Fluß, der unter dem Kahlenberg, unter der Kuppel von Gran, unter der Bahnbrücke von Czernavoda durchfließt und an seinem Ende die ungeheuerlichen Röhricht-Labyrinthe des Deltas ausbreitet. Von oben sah ich sie manchmal, und wenn der Schatten der Maschine über die Labyrinthe wegstrich, dachte ich an die wunderliche Identität. Der *Ister* war das in der alten Geografie. Mörike, unser Poet, hat die Ader wahrgenommen, als er die Historie von der Schönen Lau schrieb; im Blautopf haust sie, doch ungehindert reist der submarine Gemahl aus dem Schwarzmeer zu ihr. Die Ulmer als praktische Leute haben sich handfest daran gehalten, daß Wasser bergab fließt, und sie ließen sich tragen auf ihren »Ulmer Schachteln«. Die wurden unten verhandelt, der Rückweg ging über Land.

Die Steine: Da und dort hat das Meer seine Lebensreste dicht angelagert. In Bettungen häufen sich die Fossilien. Im Vorland, bei Ofterdingen, kannten die Leute ihr »Schneckenpflaster«, im harten Bett der Steinlach ein phantastisches Paviment aus Ammoniten, Schnecken so groß wie Wagenräder und schwer wie Mühlsteine (»von uns aus«, sagt ein Anwohner trocken, »wären sie noch da. Aber die Herrla –«). Im Kirchheimer Vorland, unweit des heutigen Autobahnaufstiegs, steht der Schwarze Jura an. Dort in den Schiefergruben hat der spätere Doktor Hauff das ingeniöse Auge gehabt. Längst hatte man den dunklen Schiefer gebrochen und zu Platten und Gesimsen verarbeitet. Hauff ließ sich von den Einschlüssen fesseln. Ihm gelang nicht nur der Fund, auch die Rekonstruktion, die Montage aus verstreuten Teilen. Die Stelle, vielleicht eine flache Bucht, zeigte sich als ein Speicher vergangener Lebensformen. Pflanzliche, tierische Reste traten in Massen zutage, sobald das

Suchbild vorhanden und der Blick geschärft war. Die Welt der Saurier: mächtige, zierliche Spielarten. Präparate des Instituts gingen in Museen der Welt. Nicht nur die Wissenschaft, auch die dekorative Absicht begehrt die fossilen Formen. Der Stuttgarter Landtag besitzt eine Wand aus ihnen. Das Glanzstück ist in Holzmaden selber aufgebaut: ein Gefüge aus Platten, abgehoben auf eine Länge von vierzehn Metern, in schwierigster Kleinarbeit präpariert. Da wird das Element des Wassers noch einmal lebendig im fluktuierenden Licht, das über die mattgrauen Flächen streicht. Die Achse der Komposition bildet ein Stück Stammholz; das zeichnet sich schwärzlich ab, und von dem Strunk aus entwickelt sich eine Kolonie von Seelilien. In meterlangen Geschlingen, in anmutigsten Kurvaturen schaukelnd breiten die Stengel sich aus und münden in ihre fiedrigen Kronen: Stengelglieder, Gelenke, fächerige Tentakeln, das Weichste und Zarteste glashart festgeronnen und doch in irritierender Scheinbewegung. Das ist minoisch plus Jugendstil, sofern man dem Jurameer einen Stilwillen unterstellen darf. Solche Wand denkt man sich in einem mythischen Königssitz.

Schwarzer Jura, darüber der Braune, endlich der Weiße, der die stärkste Lagerung bildet. Seine Abbrüche leuchten weithin aus den Hangwäldern. Die Geologen bezeichnen die Schichten mit griechischen Buchstaben von Alpha bis Epsilon. Es gibt gleichmäßige, horizontale Lagen von Schichtkalken, die häufig an Mauerwerk erinnern, unter ihnen bilden sich ausgedehnte Schotterhalden, Rutschen, deren Bruchwerk unter dem Fußtritt klingelt. Härter treten die Massenkalke ins Bild, von organischer Entstehung, Schwammstotzen, sagt der Sprachgebrauch. Solche Bildungen, klirrend hart, leisten Widerstand. Die Erosion wäscht sie heraus, so daß Türme und Nadeln aufsteigen, seltsam geformte Riffe, denen der Volksmund Deutungen angedichtet hat, burgartige Bastionen, Wände mit überkragenden Gesimsen, bogig geschwungen und von Löchern gehöhlt. Das sieht nach elementarischen Kämpfen aus und berührt doppelt seltsam dort, wo die Spuren geronnen sind, die Täler gealtert und zuweilen schon trocken, in geschlängelten Bachläufen, auch kurzen Tobeln, die gegen die Donau führen.

Überblickt man den nördlichen Steilrand in seiner Länge, etwa von der Höhe der Filder aus, scheint die Wand fast geschlossen, kompakt und gegen den Himmel mit beinahe geradem Abschluß, den einzelne Kuppen und Kegel, auch die bezeichnenden trapezoiden Formen nur wenig überragen. Erst der Lichtwechsel oder die Klarheit des Föhns läßt die Modellierungen sehen, die Schwünge und Talaustritte, die Vorberge. Die Vorgipfel stehen frei, die Randberge bindet ein manchmal schmaler Sattel an das Massiv. Wer von der Hochfläche kommt, ersteigt solche Berge nicht, er tritt auf sie hinaus. Er steht dann nicht auf einer Spitze, sondern gelangt auf eine der bezeichnenden Hochwiesen, die von einem kurzen, glänzenden Rasen bedeckt sind. Der Wald, von den Rändern heraufdringend, säumt sie in großen Schwüngen. So bedeutet das Begehen des Albrands nichts weniger als geradlinige Bewegung: Der Pfad (meist vom Albverein vortrefflich angelegt) muß sich winden, gelangt auf Vorsprünge und muß sich kehren, um tiefe Einschnitte zu umholen. Für Wechsel der Richtung, von Licht und von Gegenlicht, von Aufblick und Niederblick ist gesorgt.

Nicht nur das Wasser, auch das feurige Element hat an den Alblandschaften Anteil. Als den Schwäbischen Vulkan bezeichnet man einen Abschnitt der mittleren Alb. An einen rauchenden Kegel darf man dabei freilich nicht denken. Es handelt sich um eine Zone mit einem Radius von ungefähr zwanzig Kilometern, in der ein Druck aus der Tiefe die lagernden Schichten aufgesprengt hat und vulkanische Substanzen aufwärts trieb. Verzeichnet sind ein paar hundert teils winzige, teils umfänglichere Stellen mit den Spuren längstens vergangener Aktivität. Vorstellungen vulkanischer Tätigkeit entspricht am ehesten der mächtige Bruchrand der Vulkanruine, die das Randecker Maar heißt. Was sich an Erhöhungen zeigt, sind meist Schlotfüllungen, deren Umgebung durch Erosion abgetragen ist. Dergestalt bilden manche dieser Vulkanpfropfen, vermischt mit den Trümmern durchschlagener Formationen, den Stock freistehender Berge, des Reutlinger Jörgenbergs, des Eninger Rangenbergs, des Florian und des Jusi bei Metzingen. Dabei kann der Blick täuschen; ähnliche Kegel, wie die Achalm oder der Kornbühl bei Salmendingen, der seine alte Kapelle noch trägt, sind nicht vulkanisch, sondern aus Launen der Erosion entstanden. Thermalquellen, manche von alters bekannt wie die Beurener (von Mörike als die »heiße Quelle in B.« angeredet), andere, wie die Uracher, in jüngerer Zeit erbohrt, sind von der Tiefenglut geheizt. Das Parfüm der Tiefe führen

auch Schwefelwässer; in Balingen ließ man den Gast gerne davon kosten, schön mild und mit heilendem Faul-Ei-Geschmack. Einstige Bäder haben ihre Chance vergeben: Besaßen doch selbst die Reutlinger einmal ihren Heilbrunnen, sogar mit Allee zur Bahn.
Auf andere Weise, wohlschmeckend übersetzt, scheint das tellurische Feuer dem Wein zugute zu kommen. Der wird noch fleißig gebaut und gerade dort, wo dem Boden vulkanische Substanz beigemengt ist, an den Metzinger-Neuhauser Weinhängen, in Neuffen, wo der geschätzte »Täleswein« gezogen wird. Das sind keineswegs karge Gelände; mit ihren Stützmauern, Girlandenzügen und lustigen Weinberghäuschen haben sie einen südlichen Anflug. Die Weine werden mit gutem Grunde am Ort, wenigstens im Land getrunken. Metzingen hat noch seine würdige Kuriosität: in der Stadtmitte die sieben Keltern, mit ihrem Zimmermannswerk und den mächtigen Walmdächern anmutend wie ein Ensemble der Dürerzeit. Gustav Schwab erschienen sie seinerzeit »merkwürdiger als Aegyptens 7 Wunderwerke«.
Als vulkanisch hat man auch lange das Rund des Nördlinger Rieses angesehen. Angestoßen durch amerikanische Forschung, klärte inzwischen die Bodenchemie das Ereignis auf: nicht Eruption aus der Tiefe, sondern Einschlag einer Masse aus dem Raum hat den Kessel geschaffen.
Sollen wir von dem vierten mythischen Element, der Luft, reden? Namen wie »Rauhe Alb«, »Kaltes Feld« haben manche Gemüter erschreckt. Kein Zweifel, daß manchmal und mancherorts der Wind scharf geht. Es ist, wie man oben sagt, »um einen Kittel kälter«. Zärtlich ist die Luft nicht, doch sie nimmt einen kräftig an. Jeder spürt das im Hinaufkommen. Augenfällig wird der Unterschied an den Tagen, an denen das untere Land daliegt wie in einer braunen Lagune ertränkt. Der Blick nimmt das wahr, und der Atem geht befreit.

Unterirdische Landschaft

Die Alb ist ein Höhlengebiet. Die Zahl der bekannten Höhlen, von den geringeren »Löchern«, wie sie in der Umgangssprache gewöhnlich heißen, bis zu den titulierten Prachtstücken, bei denen Eintritt gezahlt wird und Erfrischungen wie auch Unterhaltung geboten sind, scheint unübersehbar. Freilich sind sie von Fachleuten registriert. Unbekannte, nicht aufgeschlossene Höhlensysteme sind zu vermuten (es gibt sogar eine Fama von gewitzten Gemeinden, die eine Höhle »in Reserve« halten sollen). Die Namen sind sprechend und geben der Phantasie Nahrung: Heiden-, Sibyllen-, Verena Beutlins-, Bettelmanns- oder gar Mondmilchshöhle. Wo ein Venediger- oder Goldloch vorkommt, deutet es auf Metallschürfungen. Dekorative Höhlen wurden von Untertanen einem Monarchen oder der Landesmutter gewidmet und heißen dann Karls-, Olga- oder Charlottenhöhle. Natürlich gibt es auch Schlüpfe, wo »niemand hinkommt« und in denen es dennoch seltsame Spuren zu entdecken gibt. Lang nach dem letzten Krieg traf ich im Grund eines ganz versteckten Ganges auf das Zeichen eines Jugendfreundes, der in Rußland verschollen war: Monogramm und das Grabzeichen des Archäologen, unauffällig mit Bleistift angebracht, frisch wie von gestern.
Unwirtlich und beklemmend zeigt sich die längste von allen Albhöhlen, die »Falkensteinerin«; Wände des Steinbruchs, eiskalte Wasser, Schlammpfützen, spitze Schotter. Der Gang ist nach der Folge von Seen im Inneren eingeteilt. In manche tauchen die hängenden Dekken ein und bilden Siphonverschlüsse. Hier können nur Froschmänner etwas ausrichten, und Mannschaften haben in dem Stollen Unfreundliches erlebt: Sturzregen in der Höhe bringen die Höhlengewässer zum Toben.
Aus der Wimsener Höhle bricht noch, klar strömend, die Zwiefalter Ach als ein fertiges Flüßchen. Man fährt mit dem Boot ein, das von Zacke zu Zacke vorangezogen wird.
Alte Bewunderung gilt den Tropfsteinhöhlen. Romantischen Glanz gab der Nebelhöhle bei Pfullingen die Überlieferung von dem Herzog Ulrich, der als Geächteter dort versteckt seine Zeit abgewartet haben soll. Ein Kyffhäuser-Motiv: der Fürst, jugendlich als ein »neuer Konradin« gepriesen, Despot im Renaissance-Stil, Mörder, geächtet und landflüchtig, psychisch schwer gestört, in lyrischen Anthologien vertreten (*»ich schell min Horn in Jammers Ton«*), endlich wiederkehrend ins Regiment, wurde von der Volks-Sage angenommen. Den Glanz der Tropfsteine freilich hat jahrhundertelanger Fackelruß geschwärzt. Strahlender präsentiert sich der neuere, von der Genkinger Markung aus begangene Höhlenteil.
Nicht die Sage, sondern Reste fossilen Lebens verschaf-

fen der Erpfinger Bärenhöhle ihren Ruf. Sie birgt Knochenbetten von Tieren, die in ihr hausten und endeten, vor allem der Höhlenbär. Merkwürdige Räumlichkeiten sind hier zu begehen. Angestrahlt, glänzen die versinterten Wände wie von Salz- oder Rauhreifkristallen. Unter Scharen von hängenden Zapfen, zwischen einzelstehenden, glatten oder gewirtelten Säulenschäften, zwischen Bündeln von Pfeilern und nabelartigen Stümpfen hindurch zwängen sich die Passagen wie durch organische Bildungen. Räume öffnen sich unversehens; es geht an Flanken hin, die von Strängen überlaufen, von Zotten besetzt sind; Falten schlappen herein wie geraffte Vorhänge oder niedergehende Segel. Dazu kommen Farbwechsel, Sprenkel, Geringel, braune und grünliche, bernsteinfarbene Schlieren.

Im Reich der Flora

Zur Alb gehören die Buchen. So wenig es an anderen Baumarten mangelt, so viel an Fichtenbestand durch die Forstwirtschaft eingebracht worden ist und mit seinem Dunkel den Weg begleitet, es ist doch die Buche, die vor allem den Hangwald bestimmt und ihm ihre Färbungen leiht: ihr Lichtgrün, wenn das Laub ausbricht, ihr silbriges Stammwerk, ihr herbstliches Gelb und Rot, ihre braunlila Wintertöne. In solitärer Entfaltung, ausladend, steht sie auf alten Weideflächen als Schattenbaum; dort bildet sie auch Gruppen und läßt parkartige Szenerien entstehen. Nachbarschaft hält sie zu den freistehenden Fichten, die ihre Äste zum Boden niedergehen lassen. Wo die Abbrüche steil sind und die Bäume zu kämpfen haben, nimmt die Buche bizarre Formen an, oft von Blitzen angeschlitzt und von Stürmen niedergerauft. In den Felsritzen siedeln sich harte Gesträuche an, die Felsenbirne, die Steinmispel. Wacholder und Silberdistel gehören zu den ganz trockenen Blößen, auf denen kein Wald aufkommt und die von jeher die Rodung ersparten; sie wurden zur Schafzucht genutzt, das Schaf hielt die harte, glänzende Grasnarbe kurz. Im »Unland«, den Zwischenregionen zwischen genutztem Gelände, Buschwerk und Kalkbuckeln, steht die feurige Flora der Steppenheide, des Steppenheidebuschs. Sie setzt sich fort in die Magerwiesen, die »Mähder«, die oftmals schmal zwischen Steinriegeln, auch an Hangstufen hinziehen; solche Wiesen, sich selbst überlassen, wurden nur einmal im Jahr gemäht und blieben ohne künstliche Düngung. Das duftet anders als gemästetes Gras. Die Gerüche: Thymian, Quendel, der braune Dost, das Labkraut, die Hundsrosen. Aus flachen Erdfällen, trockenen Blößen zwischen Wacholderstöcken und Föhren duften in der Steinhilbener Gegend die Polster des raren Steinröschens. Im Heidegelände zeigen die Enziane ihr Blau, die Kartäusernelke ihr intensives Karmin. Im Halbschatten steht die Akelei; der Türkenbund, nach dem es die Rehe gelüstet, zeigt seine fleischfarbenen Lilienstände. Der gelbe Enzian scheint mit seinen satten Blattrosetten, seinen starken, hoch aufwärtsdringenden Schäften und Blütenkränzen in eine Sumpflandschaft zu gehören, doch gerade an trockenen Orten, in Steinriegeln gräbt er tiefe Wurzeln ein. Im Winter stehen die harten Schäfte mit ihren Quirlen seltsam genug über ausgebleichtem Gras. Solche Gäste, die den Blick anziehen, sind in manchen Gegenden nicht selten, ja in Mengen anzutreffen. Doch gibt es auch Standorte, die von Liebhabern nicht gern verraten werden; wählerische und eigenwillige Gewächse finden dort ihr Behagen. Das Singuläre ihres Auftretens überrascht dann oft: hier und ein paar Schritte weiter nicht mehr und nirgends sonst – eine Magie von Orten, deren Faktoren freilich analysierbar sind. Die Gruppe der Orchideen ist häufig, seltene und empfindliche Arten halten sich versteckt und werden von Kennern geheimgehalten; nach ihrer Gestalt tragen sie einprägsame Namen: Totenköpfle, Mückle, Frauenschuh. *Kypripedilon* (*Cypripedium*), der Schuh der Kypris, ist ein Liebling der Waldgänger. So verborgen die Blume steht, es finden verwunderliche Wallfahrten statt; wir trafen den Frauenschuh, reich in Blüte, zu dem ein Trampelpfädchen den Weg wies und den Standort andachtsvoll umlief. Der Ostalb gehören die Leberblümchenwälder; in den noch kahlen Gehölzen legen die zarten Blüten ihr Blau aus, vermischt mit dem Weiß der Anemonen. Früh auch stellt sich auf den Wiesen die kleine blaue Traubenhyazinthe, das »Bauernbüble« ein. Mit dem Himmelfahrtstag steht die zierliche Trockenpflanze, das »Himmelsfahrtsblümchen«, auch »Mausöhrle« genannt, in Verbindung. Man band es im Dorf zu kleinen Kränzen, sie galten als Abwehr gegen Blitzschlag.

Standorte ändern sich und verschwinden; fühlloser Unverstand räumt mit manchem Vorkommen auf; Korrekturen der Feldflur, Wegebauten, Aufforstungen, illegale und planmäßige Ablagerungen schaffen veränderte Bedingungen. Da wird verschüttet, und es wird eingeschleppt. Das ist menschlicher Eingriff. Doch menschlicher Eingriff dient auch der Erhaltung. Unterlassen allein erhält das Bild nicht. Wacholderheide, nicht mehr vom Schafbiß korrigiert, wird ohne Pflege zu gestaltloser Dickung, das Wiesenstück verwuchert ohne die Sense. Ordnende Hände sind nötig, auch der Schutzbrief – hat es auch einen Hauch von Komik, wenn wir auf den einsamen Weidebaum zugehen und an seinem Stamm das diskrete Schildchen entdecken: *Naturdenkmal.*

Landschaft, exemplarisch

Die Benennung der Landschaftsteile ist nicht überall eindeutig, die Übergänge sind offen und nicht fixierbar wie Grenzen, die von der Verwaltung gezogen werden und ihrerseits wechselhaft bleiben. Es gibt überkommene Gebietsnamen, die von der Bewachsung, der Nutzung, auch von Botmäßigkeiten hergenommen sind und altertümlichen Klang besitzen. Sonst nimmt man Täler als Anhalt oder hilft sich mit Städtenamen. Im südwestlichen Teil der Alb liegen Hart und Heuberg, der sich in den Kleinen Heuberg bei Balingen und den Rosenfelder Heuberg fortsetzt. Man spricht von der Zollernalb und den Balinger Bergen. Im mittleren Abschnitt sind die Bezeichnungen Reutlinger, Pfullinger, Uracher, Lenninger, Münsinger und Zwiefalter Alb gebräuchlich. Nördlich Riedlingen gibt es den Teutschbuch, über Ehingen Landgericht und Lutherische Berge. Zwischen Göppingen und Gmünd liegt das Gebiet der »Kaiserberge«, die Geislinger Steige aufwärts geht es zur ausgedehnten Ulmer Alb. Hochsträß heißt der Rücken zwischen Blau und Donau. Die Ostalb schließt mit Albuch und Härtsfeld.

Wie kann man diese Landschaften beschreiben, ist ihnen beizukommen mit einer umfassenden Formel, wie sieht die Alblandschaft aus? Man trifft auf Auskünfte, die durch ihre Bündigkeit verwundern – von den »mageren Äckern« bis zum »ärmlichen Pflanzenkleid« –, und zugleich zum Bewußtsein bringen, daß es um so viel schwieriger ist, einen Gegenstand zu beschreiben, je länger man mit ihm umgeht. »Die« Alblandschaft gibt es nicht, und doch wiederum gibt es sie. Das heißt, das Unerwartete macht die Grundmuster deutlicher, und das Gewöhnte die Variation. Von Gleichförmigkeit jedenfalls kann nicht die Rede sein. Wir müssen uns auf ein Beispiel einlassen, dem sich andere anzuschließen hätten. Aber dann würde eine Reisebeschreibung daraus. Bleiben wir in begrenztem Abschnitt und nehmen uns eine kleine Stunde zu Fuß vor, vielleicht anderthalb. Mit der Zeit wollen wir nicht geizen. Die Stelle, an der wir aussteigen, ist ohne besondere Kennzeichen, auch kein Kirchturm in Sicht, der Orientierung vermitteln könnte. Es ist Uracher Alb. Doch wer es nicht wüßte und raten sollte, dem kämen ganz andere Impressionen in den Sinn: Flachland, viel hoher und unverstellter Himmel, flach wellige Wiesen weithin, dazwischen Waldstücke, gemischte Gruppen, einzelne, ausladende Bäume. Voraus ein Waldrand, Fichtenbestand, dunkel und ohne Anrede, eintönig, wie man wohl sagt, ausruhend, nicht geweckt. Es gibt einen Weg entlang; dichter Schluß der Fichten zur einen Seite, zur anderen locker da und dort eine Birke. Ein Stapel Holz, sorglich aufgeschichtet, verstreute Späne im Licht blitzend, starker, harziger Rindengeruch. Hier könnte man in einer östlichen Landschaft sein. Erinnerungen, verlorenes Land. Weit ab im Raum, weit ab in der Zeit sogar: Denn ein Wägelchen zuckelt fernab, davor zwei Pferde.

Es geht durch den Forst querab; wiederum weite Lichtung. Drei Seiten faßt Wald ein, die vierte steigt an und endet mit einem Bruch ins Leere, in blaue Luft. Wiesen auch hier, auf denen die Scheermaus arbeitet, dazu gepflügter Acker. Es ist alter Hofbereich. Hier hat vormals der Rutschenhof gestanden, eine Steinhütte findet sich; ein Rasthaus, im Wald halb versteckt, hält noch die Stelle. Im Geviert liegt ein tiefer Erdfall. Starke Baumwipfel ragen wie abgesunken aus der Kuhle. Dort hat man Wasser geholt. Ungewöhnlich genug tritt in der Tiefe ein Quell aus, der sogleich versickern würde ohne seine Fassung. Es geht abwärts, ein Staffelweg schlingt sich hinunter zu Becken und Brunnenstube. Steinerne Wölbung im Kühlen. Das ist ein bescheidener Ort, urtümlich, mit einem Elementargeist zu besetzen. Das Wasser plätschert und fällt ins Geklüft.

Dann geht es zum offenen Rand hin. Ein paar Schritte vorher läßt sich nicht ahnen, was sich auftut. Aber jetzt wird die Szenerie groß. Senkrecht geht der Sturz abwärts, tief, so daß in den Grund selten Sonne fällt. Steiler Hangwald, aus dem die Baumwipfel aufwärts züngeln, ohne die Höhe zu gewinnen. Das Gewände ist hart, ein paarmal von Klüften zerrissen, hellgrauer, unbewachsener Kalk. Sättel schwingen sich ab und lassen Bergzungen auswärts greifen. Dazwischen scharf abgesetzte, kurvig begrenzte Talstücke, deren ebener Grund sattgrünen Rasen trägt. Aus den Waldflanken drängen überall neue Felsbarren, Klippen, Vorsprünge. Dahinter das Ermstal, und hinter den Steinborden wiederum Flächen, Feldflur und Waldflecken, hochgelegene Dörfer. Die Mauerkrone des Hohenneuffen hebt sich über den Horizont.

Zurück zur Nähe. Auch die Bergsporne rechts und links haben Festen getragen. Die Burg Hohenurach zur Rechten zeigt ihre stattlichen Reste, Giebel, Mauerzüge. Zur Linken der Runde Berg war eine alte Zuflucht. Nur ein schrittschmaler Grat führt hinaus auf den runden Kegel. Grundfesten aus vorfränkischer Zeit hat der Spaten freigelegt. Präzise Bodenforschung, aber auch Zufälle lassen erraten, was sich an solchen Orten abgespielt hat: der Zufallsfund etwa eines Verstecks am Steilhang, hastig geflüchtetes und verborgenes Gut, dessen Herr nicht wiederkam. Historie, und dazu die alten, hartnäckigen und nicht mitteilsamen Gewalten, denen unsere Datengebung nicht beikommt; es rauscht von Gewässern am halben Hang, aus den Läufen der Tiefe. In den Aufwinden saust der Schwarm von Bergdohlen, kreisend, hochauf getrieben, fallend, sich teilend und wieder zusammenschießend zu wunderlichen Figuren: den Schwarm kennst du seit Jahrzehnten. Jahrzehnte zurück und Jahrhunderte, und der gleiche Schwarm vermutlich zu merowingischen Zeiten und bis zu Rulamans Leuten, die sich der Doktor Weinland ausgedacht hat.

Doch wir werden auch den Gegenblick brauchen und eine Strecke weit den Rand abgehen, bis die Sicht einwärts frei wird, hinein in den Talschluß, aus dem der Uracher Wasserfall stürzt. Exakt, scheinbar unbeweglich, steht die silberne Senkrechte in ihrem Halbrund; mit dem Wind wechselnd kommt ihr Rauschen herauf. Erkennbar ist die Terrasse, eben und von Bäumen bestanden, die der Quellbach durchfließt. Die Tuffschnauze ragt weit auswärts, ein natürlicher Wasserspeier. Über sie wirft sich der Strahl frei hinaus. Wo der Sturz im Grund auftrifft, auf Geröll und Moosbänken, stäubt das Wasser irisierend. – Das ist nicht das einzige Wasserspiel. Ein anderes ein Stück weiter, im Winkel von Güterstein: Wasser, so rar auf den hohen Flächen, hier geben es die Hänge verschwenderisch her. Oben, beim Rutschenhof, ließ es sich für einen Augenblick sehen, in der Tiefe darunter kommt es in reichem Schwall. Nicht der freie Strahl wie drüben, sondern ein Strudeln in vielen Adern. Es sammelt sich, ruht in Becken und setzt seinen Lauf fort in einem Netz von Gefällen. Eine Eigenart der Gewässer ist, daß sie Tuff bilden; sie schneiden nicht ein, sondern tragen an. So bauen die Rinnsale sich ihr Bett auf und laufen in Furchen auf hohen Graten, von deren Flanken das Wasser niederrieselt. Dort ist es kühl und feucht. Das Silberblatt in seiner Blüte strömt einen narkotischen Duft aus. Es steht winters in Reif und Schnee mit den blassen Scheiben, die man in Frankreich *monnaie du pape* nennt. Dann stockt auch das Wasser in grünblauen Eisbuckeln und hängt in Zapfen nieder. – Unten, im Talende, lag die Kartause Güterstein, ein begünstigter Sitz von Mönchen und zu fürstlicher Grablege bestimmt. Das Kloster ist längst abgegangen; es steht noch der Gestütshof. Marksteine in den Wäldern zeigen das Gestützeichen, denn auch in der Höhe darüber ist Pferdeland. Dort liegt der Fohlenhof von St. Johann, einer der Mittelpunkte der Pferdezucht. Wiederum weites Land, Weidegelände. Alte, starke Alleen gehen von den Gehöften aus.

Das sind Ausschnitte, Gänge des einzelnen. Andere werden fragen, wo denn nun ihre eigene und von ihnen bevorzugte Landschaft bleibe. Jeder hätte recht mit seinen Nennungen. Vieles wäre da nachzuzeichnen: etwa der großartige Eingang im westlichen Teil, der Donau-Durchbruch mit seinen Schlingen, Zacken und Zinnen. Da ist Landschafts-Romantik wie auf Blättern der oberdeutschen Altmeister, die man der Donauschule zurechnet. Wenn auch die Motive nicht dieser Gegend entnommen sind: Erfindung und Wirklichkeit decken einander.

Oder es wäre das Lautertal abzuwandern, eines der Täler, deren Einschnitt man von weitem kaum wahrnimmt, weil jenseits die gleichen Wiesen, Felder und Waldstücke anschließen. Am Rand ist der Abfall steil; durch die flache, scharf abgesetzte Talaue zieht der kleine Fluß windungsreich; da und dort hat er Kalkbarren zu umlaufen, die den geraden Weg sperren. Wechselreich ist die Bewachsung der Talwangen, Stücke von Hochwald auf der Schattenseite, auf der Mittagseite die Trockenrasen, die von Föhren, Wacholderstöcken und Buschgewächsen getupft sind. Riffe und Türme treten überall aus, gewachsener Fels wie auch Reste von Burganlagen. Felsdächer,

unter denen die letzten Köhler hausten. Die kleinen Dörfer bewahren manches ursprüngliche Bild.
Oder die Ostalb: Keineswegs arm an Trümpfen, spart sie auch nicht (noch nicht) mit den Lockungen weiter, trumpfloser Feldflur und dichter, spärlich begangener Waldung. Ein eigenartiges Land; früher hieß es, daß Altwürttembergs Verwaltungen und Konsistorien dort ihre Leute sich die ersten Sporen verdienen, die ersten Lektionen absolvieren ließen. Manche sagten sogar, ein schwäbisches Sibirien. Ein zauberhaftes Sibirien, scheint es mir; beinahe hätte ich dort, wie man sagt, das Licht der Welt erblickt. Ich erblickte es erst etwas später im Nekkarland, weshalb mich die Neugier zuweilen noch treibt, das Versäumte nachzuholen. In einem Aufschrieb meiner Mutter, die an die Stadt gewöhnt war, finde ich die Stelle: Es ist sehr einsam, und zwischen uns und einem jeden Ort, zu dem wir hindenken, liegt ein dichter Wald. – Ein Schwager, der in Paris lebte, finde ich weiter, kam auf Besuch und fand unendliches Vergnügen darin, mit den Bewohnern Sprachkünste zu betreiben, hinter schaukelnder Laterne (so ging man im Finstern) sich quer durch die herzynischen Wälder zu bewegen und jene Rieser Bauern zu treffen, die damals unter dem steifen und flachen Filzdeckel gingen, im kurzen und weiten Blaukittel und ganz engen schwarzen Beinkleidern darunter, so daß sie, wie der Herr Dekan sagte, alle aussahen, als stammten sie von Untermagerbein (das Dorf hieß wirklich so). – Aber dort steht auch Neresheim, europäisch, großes Europa sogar. – In solchen Regionen, von solchen Rückblicken her wird die Beschleunigung der westlichen Welt deutlich. Mächtige Industrien haben sich dort indessen ausgebreitet; es scheint, als wären lange nicht abgerufene Energien bereit gewesen, sich in ihnen zu entfalten.

Die Historie: Gräber, Türme, Kapellen

Von den frühen Bewohnern wissen wir so viel, wie die Funde hergeben: Werkzeuge, Abfälle, Bestattungen. Menschen der Altsteinzeit, Wildbeuter, haben sich unter Felsdächern, in trockenen Höhlen eingerichtet. Viele Wohn- und Rastplätze sind gesichert. Der Ausgräber, der durch die Lagerungen von Lehm und Schottern tiefer dringt, stößt auf die dunkleren Sedimente, die Feuer anzeigen, auf Asche, Mahlzeitspuren, Abschläge und Artefakte aus Feuerstein. Typus und Schlagtechniken machen das Alter lesbar, chemische Analysen kommen zu Hilfe. Eine Fundstätte ersten Ranges erschloß sich im Lonetal. Der Ort heißt der Vogelherd; einem Bahnbeamten, der auf Freizeitgängen ein Auge hatte, fielen Steinscherben auf, die nicht in die Gegend gehörten und von wühlenden Dächsen bewegt wurden, es waren Feuersteinsplitter. Der Tübinger Professor Riek brachte die Grabung nieder. Eine Höhle, längst im Hangschutt erstickt, hatte ungestörte Profile bewahrt. Das Hauptstück unter den Funden war eine Kollektion figuraler Schnitzereien, geradezu eine Mustersammlung an Darstellungen jagbarer Großtierwelt; etwas wie eine Kunstwerkstätte könnte dort bestanden haben. Aber noch an anderen Orten der Alb hausten paläolithische Jäger und Fischer, im Tal der Lauchert, im Hohlefels bei Schelklingen, am Rosenstein. Jüngerer Zeit gehören die Funde im Giengener Bereich, in den Ofnetlöchern nahe Nördlingen. Dort fiel eine Schädelbestattung auf: Gruppen von Schädeln, wie Eier in Nester gebettet und mit Rötel belegt. Sinn und Hergang solcher Bestattung kennen wir nicht.
Wir kennen auch keine Namen von Horden oder Einzelwesen, wir wissen nicht, wie und in welchen Lauten solche Bewohner einander riefen. Spuren deuten auf die Anwesenheit des Menschen vom Neandertaler Typus, ihn löste der Jäger der jüngeren Altsteinzeit ab, wie er im Vogelherd hauste. Wir können Schädel vermessen, aus Werkstücken auf Wanderungen schließen. Zu dem Neandertaler aus Stein, wie er an der Lauter zu Veringenstadt hocken darf, können wir nicht recht finden. Lebendiger wird unsere Vorstellung von den Menschen des jüngeren Paläolithikums und der Mittelsteinzeit. Die große Wende liegt in dem neolithischen Übergang zur Feldbestellung, zur Seßhaftigkeit, damit der Veränderungen aller Lebensformen. Ein Krisencharakter kann nicht gefehlt haben. Aus großer historischer Distanz erscheint dieser Einschnitt vergleichbar den Wandlungen, in die wir selbst gestellt sind: dort die Ausbildung, hier der Abbau der agrarischen Strukturen, die Vollendung des Industriezeitalters.
Die Alb ist früh Siedlungsland geworden; ihre Siedlungskarte weist nicht wie die des Schwarzwaldes bis in vergleichsweise junge Zeit weiße Flecken auf. »Werke und Tage« der Menschengeschlechter, die Abläufe, die sich zyklisch vollziehen als Aussaat und Ernte, Aufgang

und Niedergang, vermerkt die Historie nicht. Sie wendet sich den politischen Gestalten zu. Vor dem schriftlichen Dokument geben Auskunft die Gräber, endlich die Anlagen, die Machtbildungen voraussetzen und von umfassender Organisation geschaffen sind. Das schriftliche Dokument setzt spät ein. Vor Augen liegen die frühgeschichtlichen Grabhügel, ergraben ist die Folge der Siedlungen auf dem Goldberg am Riesrand, die vom Neolithikum bis in die Bronzezeit reichen; erhalten sind in bedeutender Zahl die geringeren, auch die mächtigen Reste von Fliehburgen, mutmaßlichen Herrensitzen, Gräben und Umwallungen. Ein Riese unter den Grabhügeln war der Hohmichele in der Riedlinger Gegend; Leh ist der Hügel, und mit zwei Adjektiven des Respekts, hoch und michel, das heißt mächtig, hat die Bevölkerung ihn gekennzeichnet. Er ist nicht der einzige seines Umkreises, nahe den beiden Heuneburgen erheben sich andere *tumuli*, weithin sichtbar, Totenmale von Großen, wie sie in Versen der Ilias erscheinen. Es gab Bezüge zur Welt, zu Kulturlandschaften der Ägäis, zum Vorderen Orient. Solche Verbindungen sind vor allem aus der gut erforschten »Kleinen« Heuneburg nachgewiesen, die mit ihrer noch immer gewaltigen Wehr das Steilufer der Donau besetzt. Die benachbarte »Große« Heuneburg liegt im Wald, der die Trakte verdeckt, aber auch erhalten hat.

Solche Riesenschanzen schrieb das Volk unbekannten und nicht geheuren Vorzeiten zu, die sich mit dem Namen der Heunen, Hunnen oder Hünen verbanden. Erst bei den Kelten bekommen wir es mit einem überlieferten, geschichtlich verfolgbaren Namen zu tun, wie auch aus ihrer Sprache Benennungen bis auf diese Zeit sich erhalten haben, Namen von Bergen und von Gewässern vor allem: Ipf, Rems und Fils, Lone, Brenz, die Alb selbst. Die Römer ließen die Namen sich sagen, die landnehmenden Alamannen behielten sie bei.

Das umfänglichste Schanzwerk keltischer Organisation bildet die große Befestigung der Berghalbinsel von Grabenstetten. Der Ortsname verweist darauf. Dort trennt der »Heidengraben« an der schmalsten Einziehung eine hohe Fläche vom Albstock ab. Das weite, durch seine Gegebenheiten und deren intelligente Verstärkung abgeschirmte Gelände vermochte eine ganze Bevölkerung samt eingetriebenem Viehbestand aufzunehmen. Eine solche Anlage setzt Planung, Führungskräfte und erstaunliche Arbeitsleistungen voraus. Man weiß, daß die keltischen Stämme das Land räumten und sich gegen die heutige Westschweiz zogen. In ihre Verlassenschaft, die *deserta Helvetiorum,* rückte die römische Herrschaft ein.

Die gesamte Alb wurde Land hinter dem *Limes*, der aus nördlicher Richtung kommend bei Lorch seinen rechtwinkligen Knick macht, zum rätischen Limes wird und nördlich Aalen vorbeizieht. Heidenheim und Aalen waren Militärstandorte. Das Aalener Limesmuseum liefert vorzügliche Information. Hier stehen wir in dokumentierter Geschichte, wir kennen Namen und Daten, auch die angesehene Kavallerietruppe, die in Garnison lag, die *ala II* mit den auszeichnenden Zunamen *Pia Fidelis*. Verwaltung und Organisation waren römisch-imperial, eine eigentliche Romanisierung von Land und Leuten dürfen wir uns kaum vorstellen, wenn es auch nicht an Spuren provinzialrömischer Gutshöfe fehlt. Die »Römer« in unseren Gebieten werden nur in geringer Anzahl Italiker oder gar stadtrömischer Herkunft gewesen sein. Die Limesverläufe sind klar, ebenso das Netz der zügig gelegten, in ihren Trassen fast unzerstörbaren Verbindungsstraßen.

Nach der Mitte unseres dritten Jahrhunderts brachen alamannische Verbände die Limesgrenze auf. Mit ihrer Landnahme konstituierte sich im ganzen das ländliche Siedlungsbild. Wir sprechen von Sippendörfern, die auf -ingen enden. Darüber legte sich, nach unholden Vorgängen wie dem Massaker von Cannstatt, die straffere fränkische Organisation.

In den letzten Jahren erkundete Anlagen, wie auf dem Runden Berg bei Urach, können als Vorformen mittelalterlichen Burgwesens gelten. An Burgen, den Sitzen von Königsmannen und Lehensträgern, von kleinem und hochmögendem Adel, hat die Alb Formen aller Art aufzuweisen, vom einfachen Burgstall und »festen Haus« bis zur beherrschenden, noch in der Kanonenzeit immer wieder umgebauten und ausgebauten, mit Garnisonen und Kasematten ausgestatteten Festung, wie der Hohenneuffen sie repräsentiert. Mancher alte Sitz ist fast verschwunden und sein Ort kaum mehr kenntlich, manche Ruine steht stattlich und wird erhalten und gestützt. Burgen hielten Vorsprünge besetzt und überwachten Vorland und Zuwege. Den Tälern und Handelsstraßen entlang bildeten sie Wachtposten, in verwildernden Zeiten auch Ärgernisse für Handel und Wandel und Plage der Bauernschaften.

Da gibt es klingende Namen. Vorab die »Kaiserberge« mit Rechberg, Stuifen und Staufen, dem Stammsitz des staufischen Kaisergeschlechts. Mit den Staufern müßte der Name in alle Welt gedrungen sein. Als Losung – »hie Welf, hie Waibling« nahm ihm die *curtis imperialis* Waiblingen freilich den Vorrang ab, staufisch war im italischen Raum »ghibellinisch«. Auch das andere Kaisergeschlecht der Hohenzollern nahm von einer Burg der Alb seinen Ausgang. Der Hohenzollern steht im Gralsburgenstil, weithin dominierend, wiederaufgerichtet; ähnlich, wenn auch in weniger beherrschender Lage, auf seinem Felsriff das Sigmaringer Hohenzollernschloß. Gegenüber dem Glanz, den die Hohenzollern aufzufrischen vermochten, ist der Staufen tragisch abgeräumt. »Ein Bauernschultheiß«, so berichtet ein Chronist (Martin Crusius) schon 1588, »hat jetzt die Schlüssel zu dem Thor, welches für Alter fast wurmstichig ist: er mähet das Gras, das im Schloßhofe hoch stehet, der Holderbaum wächst da und dort in den Winkeln. Auch was noch heutiges Tages an Mauern übrig ist, wird nach und nach weniger, da die Steine zu andern Gebäuden nach Göppingen geführt werden.« Die Nutzung als Steinbruch war der gewöhnliche Abgang solcher Anlagen. Ähnlich steht es mit der einst mächtigen Teck. Heraldisch sind die Rauten von Teck (»Wecken« hieß sie der Volksmund) in das Wappen des Hauses Württemberg eingegangen. Der Hohenneuffen, dem noch das 18. Jahrhundert Bastionen anfügte und der erst 1801 seine Bestimmung als württembergische Festung verlor, behielt den gebieterischen Umriß. Alte Sitze, klingende Namen: Auf der Achalm saßen die Grafen, die Zwiefalten stifteten, auf der Kapfenburg die Herren des Deutschen Ordens.

Doch nicht nur die Namen, die von der Geschichte verzeichnet werden, auch andere Namen ziehen uns an, die durch ihren Klang allein sprechen: Rauber, Sulzburg und Schalksburg, Maisen- und Eselsburg, die vielen »Steine«, Rosen-, Rechten-, Reußen-, Klingen-, Wilden-, Falken-, Greifen- und Helfenstein, die Wielandsteine; Ehrenfels, Stahleck und Sperberseck. Die akustische Folge ließe sich lange fortsetzen. Die Sage, die Spinnstubenmären hatten »Zwischen Licht« ihre Stoffe, vom Rosenstein, von dessen Zinne der Versucher den Herrn einst der Welt Herrlichkeit sehen ließ, vom Reußenstein, dessen Bauherr aus dem Geschlecht der Riesen den wackeren Zimmergesellen freiweg zum Fenster hinaushielt, damit er den letzten Nagel einschlage, vom Hohen-Urach, aus dem der eingesperrte Magister Frischlin sich zu Tod stürzte (worauf das »Blutströpfle« an der Stelle wuchs). Gustav Schwab, unser oft erinnerter Gewährsmann, hatte als Albwanderer und fahrender Romanzero sein schweres Pensum vor sich, um den Orten allen seine Pflichtromanze zu reimen. Den meisten Sagenruhm hat der Lichtenstein bekommen, seit Wilhelm Hauff in der Nachfolge Walter Scotts sein romantisches Epos an ihn knüpfte. Damals noch ein schlichtes »festes Haus« auf seiner Schroffe, erhielt das Schloß erst *ex post* – 1840 durch Heideloff – seine allbekannte Silhouette.

Mündlich tradierte Erinnerung, die sich lang fortspann, ist im Erlöschen. Die einstige Volkskunde hat sie aufgearbeitet und gesichert. Als empirische Kulturwissenschaft ist sie heute anderen Stoffen zugewandt.

Dann die Sphäre des Kultischen, die Spuren verwischter Elementar- und Lokalgeister, der »alten Götter«, auch der zwielichtigen, von der Kirche verfolgten Dienste. Opferberge sind zu erraten. Wir wissen nicht, ob etwas und was sich zugetragen hat auf den Schembergen und Hexentänzen, die als unholde Orte verrufen blieben. Alte Mythen-Modelle: Die Sibylle unter der Teck, nahebei das Vrena-Beutlinsloch – es bestehen Anhalte dazu, St. Verena, die Heilige des alten Bistums Konstanz, mit einer oberdeutschen Vrena in Bezug zu bringen; kurzerhand hieß in der alten alamannischen Schweiz ein Mädchen ein »Vreneli«, in Obermarchtal wird St. Verena verehrt, und Hausen liegt »ob Verena«. Zu der Urschel im Urschelberg, wo »ein weiblicher Geist bei unendlichen Schätzen auf Erlösung harrte«, stiegen die Schäfer hinab, um mit der Schlangengestalt zu ringen. Hier lebten verdrängte Götter als dämonische Wesen fort. Es besteht Kontinuität in den Orten. Neue Schützer und Nothelfer treten an die Stelle der einstigen, wehrhafte Heilsgestalten nehmen die nunmehr christlichen Jörgen- und Michelsberge in Besitz, in Metzingen der getreue Florian. Sichtbar als Glaubensmale stehen in den katholischen Dorfmarkungen die Feldkreuze.

Für die Annahme der christlichen Lehre bei den Alamannen gibt es Hinweise in den Bestattungen; die »heidnischen« Beigaben von Schmuck, Waffen und Geräten hören auf. Über älteste Kirchengründungen liegen Nachrichten vor; Bodenreste und Fundamente, wie sie vor allem bei der Gelegenheit von Umbauten ergraben werden, liefern weitere Auskunft. So deutete ein Auf-

schluß unter der Pfullinger Martinskirche (aus einem Pfullinger Geschlecht stammt der dort 924 geborene heilige Wolfgang) auf mehr als ein Halbdutzend Vorgängerbauten, deren ältester, nach den Bodenspuren, ein Holzbau gewesen ist. Von einer Holzkirche unter St. Gallus in Brenz liegt aus dem 7. Jahrhundert ein Zeugnis vor; die heutige Baugestalt zeigt den vierten Zustand über dem – auch schon römisch bebauten – Grund. Diese Kirche in Brenz mit ihren drei Apsiden, ihrem eigenwüchsig-ausgelassenen Dekor- und Figurenwerk ist eine der reizvollsten schwäbischer Romanik. Organisatorische wie auch stilistische Bezüge bestehen zu Faurndau, auch zu der Gmünder Johanneskirche. Urtümliche Form, auf eine Zeit kurz nach Eintausend zurückgehend, bewahrt die Säulenbasilika in Oberlenningen.
Größere und geringere Veränderungen haben alle ältesten Kirchen erfahren. Auf die Kirchenarchitektur des Albgebiets insgesamt einzugehen, ist hier nicht der Raum. Wir nennen auch hier nur wenige Beispiele, die nicht in den größeren Stadtwesen, sondern gleichsam »in der Landschaft« stehen. So im Angesichte des Farrenbergs das archaisch wirkende Belsener Kirchlein, ob seiner Lage und Ausstrahlung heute wieder eine »Hochzeitskirche«. Über einer sehr frühen alamannischen Stiftergrablege steht auf der Balinger Alb die Burgfeldener Kirche. Auf der Albhöhe eine seltsame, einzigartige Überraschung: Sie enthält einen Zyklus von Wandmalerei guter Reichenauer Nachfolge des 11. Jahrhunderts: da wird gekämpft; Lazarus, der Erweckte, der barmherzige Mann aus Samaria erscheinen in ihrer Gleichnisrolle; groß erscheint an der Ostwand das Jüngste Gericht.
Die Klöster haben ihre Rolle gespielt. Der Blick würde fehlgehen, der solche Stätten allein als Refugien, Zellen von Weltabgeschiedenen sehen wollte. Sie haben ihr Wesen ausgestrahlt, auch Wissen und praktische Kenntnisse. Zwiefalten, wo die Hirsauer Regel den Anfang machte, war nicht nur im Mittelalter, sondern noch und wieder in seiner Endzeit fruchtbar in Kunst und Wissenschaften. Begüterte Klöster wirkten auch in die Städte, so etwa gab es in Reutlingen einen Königsbronner, einen Marchtaler und Zwiefalter Hof. Ein bedeutendes Territorium gehörte dem zuletzt reichsunmittelbaren Zwiefalten. Von anderen, einstmals einflußreichen Zentren ist es vor allem der Name, der weiterklingt, in der Ostalb Kirchheim am Ries oder Königsbronn. Der Lauf der Geschichte, die Wechsel von Glaubensformen und Regiment haben ihnen ihre besonderen Geschicke verschafft. Die Säkularisation hat sie getroffen und die meisten der Anlagen, soweit sie erhalten blieben, anderen Verwendungen zugeführt.
Heute noch abgezogen in seiner Stille liegt das gotische Heiligkreuztal. Dort saßen adlige Töchter als Zisterzienserinnen und pflegten ihre mystische Frömmigkeit. Die Eigenart ihrer Sphäre ist noch zu spüren in der Kirche zu St. Anna mit ihrem aufgestockten Nonnenchor, ihren Wandmalereien und ausgesucht schönen Glasfenstern. Ein seltenes Stück ihrer Holzplastik ist die Gruppe der Johannesminne, der Lieblingsjünger an die Brust Christi gelehnt, ein Motiv der Innigkeit, das Bezüge zur Mystik der Bodenseegegend erkennen läßt.
An anderen Orten ging es minder still zu. Epochengeist, neue Impulse und neuer Bauwille, die Verfügungsgewalt über entsprechende Mittel führten in Neresheim, Obermarchtal und Zwiefalten zu Neuschöpfungen hohen und höchsten Ranges. Auch die Erzabtei Beuron erhielt in der spätbarocken Epoche ihren Neubau. Erwarten darf man die eindrucksvolle Lage: Neresheim auf seinem Hügel, Obermarchtal über dem Prallufer der Donau, Zwiefalten am Zusammentritt seiner beiden Talfalten, Beuron am Donaudurchbruch. Landschaft steigert die Wirkung der Architekturen.
In Neresheim konnte Balthasar Neumann sein großartiges Alterswerk der Abteikirche nicht vollenden; Zeitnot, veränderte Verhältnisse ließen die vorgesehene Dekoration nicht mehr zustande kommen außer Knollers glanzvoller Malerei, die ihrerseits zu den höchsten Spätleistungen barocker Kirchenkunst zählt; schwere Bauschäden machten in jüngerer Zeit Erneuerungen notwendig. In seiner Konzeption steht das Werk ungebrochen, eine Summe von Intuition aus reifer Erfahrung und ingenieurhafter Intelligenz. Eine unter ovalen Flachkuppeln fortschreitende Raumflucht verbindet sich mit dem Zentralismus der Mittelkuppel, die ihrerseits längsgerichtet von Querarmen flankiert wird. Die tragenden Pfeiler sind von den Gewänden abgerückt und bilden eigenen Raum innerhalb der umgrenzenden Raumschale; auf ihren vier freien Pfeilern erhebt sich die Kuppel in der Weise eines riesigen Baldachins. Auch als Kloster erfuhr Neresheim eine Neubelebung, es ist seit 1926 wieder von Benediktinern besetzt.
Das Reichsstift der Prämonstratenser in Obermarchtal (schon im 8. Jahrhundert als Peterskloster bestehend)

vertraute seinen Neubau Baumeistern der Vorarlberger Bauschule an, den Gebrüdern Thumb und ihrem Verwandten Franz Beer. Hier haben wir es mit der älteren Form des Vorarlberger Modells zu tun; vortretende Wandpfeiler, die Seitenkapellen und darüber Emporen entstehen lassen, eine Tonne über dem Hauptschiff. Weiß bleibt die Architektur, die stuckierten Akanthus- und Lorbeermotive sind den Schnittlinien und den Gurten aufgesetzt und artikulieren sie, ohne sie zu überspielen. Die Altäre stehen in Braun und Gold. Vor der Westfront die Pfisterei mit ihrer graziösen Stuckierung läßt an das alte Vorderösterreich denken.
Von hier ist es nur ein Sprung hinüber zu dem Bau von Zwiefalten, der wie ein Lehrstück das Fortschreiten architektonischer Konzepte darlegt. In Neresheim begann Neumann 1745, in Zwiefalten übernahm der Münchener Johann Michael Fischer 1741 den angefangenen Bau. Das romanische Münster der Hirsauer hatte intakt noch bestanden, man hat nicht gezögert, den Bau abzubrechen, in offenbar nicht zu beirrender Selbstsicherheit. Was in Neresheim nicht mehr erreicht wurde, der vollkommene Reichtum verschwenderischer, ja pompöser Ausstattung, steigert die Wucht der Raumgestalt: rhythmisches Fortschreiten des Langhauses mit Seitenkapellen und Emporen, dann die Ausweitung in die Zentralgestalt unter der laternenlosen Kuppel, dahinter die Tiefenerstreckung des verengten Chorteils. Ein reiches, durch perspektivische Tricks irritierendes Gitter schrankt diese Flucht ab, in der sich das Chorgestühl, ein nußbraunes, kurviges Gebirge aus Schnitzerei und Vergoldungen aufbaut. Es ist eine späte Zeit, in der jede Möglichkeit beherrscht und ausgeschritten wird.
Als Kloster besteht auch noch Beuron. Die Abteikirche hält sich an das Vorarlberger Modell. Einen Ruf als Kunststätte erwarb sich der kleine Ort noch im ausgehenden 19. Jahrhundert mit der »Beuroner Schule«, die um eine Erneuerung religiöser Malerei bestrebt war. Über den Ort hinauswirkend gab sie dem französischen Kreis der »Nabis« Anregungen.
Merkzeichen der Geschichte haben wir gestreift, Wälle und Gräben, Türme, Gräber, Kreuze. Die Spuren der großen Gänge, der ungeheuren Verluste treffen wir in jedem Dorf an mit den Denkmalen und Gedächtniszeichen der Gefallenen. Und reden wir von den Feldkreuzen der Gemarkungen, bedrängen uns auch die Schatten, die andere Kreuze werfen an jenen Stätten, die von den Opfern unseliger Gewalt Zeugnis geben. Dazu die Schatten von Leiden, für die kein Kreuz errichtet ist. Sie folgen uns Lebenden.

Das »Land«, und wovon es lebt

Die Fläche der Alb hat Markungen, auf denen der Bauer gedeihen konnte und kann, sofern er das zugeben möchte. Geschenkt wurde freilich nichts, und weithin gibt es die Strecken, auf denen die Äcker weiß flimmern von den Kalkscherben. Dort lassen Wälle von Lesesteinen die Mühsal der Generationen erkennen, eine kaum zu behebende Mühsal, denn mit jedem Umbrechen reißt das Pflugeisen neue Steinbrocken aus dem Grund. Eine eigene, bodenständige Kornfrucht ist der Dinkel gewesen, den man zuweilen noch treffen kann; zwischen der weißen Gerste, dem hellen Hafer und dem ockerblonden Weizen stehen die Dinkelähren in kräftigen, kupferig glänzenden Tönen. Für die Stammesspeise der Spätzle soll kein anderes Mehl so gut sein.
Doch die Ackerwirtschaft, die Wälder allein haben nie ausgereicht, die Bevölkerung zu erhalten. Die Erbgänge mit ihren Realteilungen engten die Nahrungsgrundlage weiter ein. Die Schäferei spielte ihre Rolle. In vorindustrieller Zeit zogen aus manchem Dorf die Männer als wandernde Handwerker aus, als Maurer und Schornsteinsetzer. Es gab den Hausierhandel. Aus Eningen unter der Achalm gingen Spitzenkrämer auf Wanderschaft, Händler mit »Reutlinger Artikeln«, so den in Reutlingen gedruckten Volksbüchern. Am weitesten reisten die Leute aus Gönningen unter dem Roßberg mit ihren Sämereien und Blumenzwiebeln. Einige sollen mit Pferd und Wagen bis tief nach Rußland, ja bis nach Sibirien und auf dem Landweg nach China gelangt sein; sie brachten Tee als Rückfracht. Mancher von diesen Händlern gelangte zu Vermögen. Das gehört der Vergangenheit an. Längst sind die Industrien, zunächst den Tälern entlang vordringend, den Arbeitskräften nachgezogen und haben die höheren Flächen besetzt.
Andere Lebensformen ergaben sich so für die Bevölkerung, dazu kommen die Bevölkerungsschübe nach dem letzten Krieg. Insgesamt und von Hause aus sind die Älbler Schwaben und reden schwäbisch; der alemannische Klang (*»oder it?«*) mischt sich im Südwesten ein. Ebenso selbstverständlich schleifen lokale Sprachunterschiede sich ab, die oft von Dorf zu Dorf bestanden.

Seine Lebensbedingungen haben den Älbler vom Bewohner etwa des Neckarlands, des »Unterlands« abgehoben; bieder, treuherzig, auch ein wenig rauh mochte er heißen – »von der Alb 'ra«. Als ein eigener »Schlag« können die Leute der Alb heute kaum mehr gelten. Einstige ländliche Sitten und Merkzeichen schwinden, auch wenn da und dort noch ein Maien gesteckt, ein Prozessionsweg in kunstvollen Blumenmustern ausgelegt wird oder die Palmsträuße als bunter Zierat, mit Bändern und bunten Eiern geschmückt, an der Scheune prangen.
So besteht das alte, »gewachsene« Albdorf nicht mehr. Die »Hüle« als Dorfmitte hat ihre Rolle ausgespielt. Sie ist ganz verschwunden, oder man hat an ihrer Stelle, mit mehr oder weniger Glück, sich ein »Anlägle« zugelegt. Dies und die Masse der ausgebrachten Geranien (»unser Dorf soll schöner werden«) sind zwar wohlgemeint, doch man denkt an die einstigen Bauerngärtchen mit weniger uniformem Flor und mit ihren Gewürzgerüchen, an die Glaskugeln darin und die bunten Glasuren der Milchtöpfe auf den Fensterbrettern. Das Albhaus vom einstigen Zuschnitt ist selten mehr zu finden, es nahm sich recht schlicht aus, grundnüchtern, doch in seinen Proportionen sicher; weiß angekalkt, kleine, eher quadratische, mehrfach geteilte Fenster mit hellgrünen Läden, viel Dach. Die stattlichste Form wies der »Streckhof« auf – in einer Achse, unter einem Dach Wohnteil, Stallung und Scheune. Was neu entsteht oder umgebaut wird, zeigt die allgemeinen, rationalisierten Formen. Wohnkolonien, Landhausgebiete, Feriendörfer schließen sich an die älteren Kerne. Die »Dorfjugend« trifft sich nicht mehr unter der Linde, sondern wie überall in der Diskothek, und der Bildschirm verteilt, was allenthalben verteilt wird. So sind aus den Bauerndörfern Wohngemeinden geworden. Der Angriff auf ihre Identität vollzieht sich erst dann, wenn ihnen die Namen gestrichen werden, tausendjährige und noch ältere Namen. Dafür gibt es neue und teilweise alberne Benennungen. Einer Person dürfte man das schwerlich antun.
Nicht den Namen, aber sein Leben hat das alte Dorf Gruorn, nahe Münsingen, eingebüßt. Wachsende Ansprüche richteten sich auf den Münsinger Truppenübungsplatz, 1938 traf die Bewohner der Befehl zur Aussiedlung. Die makabre Dorfruine, zum Gefechtsgelände geworden, besteht noch, sie zieht jährlich das Gedenken der Betroffenen an.
Die rein bäuerlichen Wirtschaften nehmen an Zahl ab, die verbleibenden nehmen zu an Fläche. Mit der Form des Aussiedlerhofs ändert sich auch das Siedlungsbild insgesamt. Dazu die Formen der Nutzung: unergiebiger Acker wird aufgegeben, Wald rückt wieder ein, wo er voreinst gerodet wurde. Weidegelände nimmt zu, nicht als Schafweide, sondern von Zäunen umzogen und von Rindern belebt, eine großflächige Wirtschaft, die sich früher verbot. Die »Schaffkuh«, die früher vor dem Leiterwagen trottete, gibt es nicht mehr. Pferdegespanne sind noch zu sehen, das Pferd überhaupt tritt ins Bild. Alte, hoch angesehene Pferdezucht besteht in den staatlichen Gestütsgeländen wie Marbach, Offenhausen und St. Johann. Aber auch sonst auf dem Land wird geritten. Reitplätze, Sprunggärten sieht man an Dorfrändern. Der Bauer von heute lebt anders als vormals, nicht zuletzt die Bauernfrau anders als ihre Vorfahrin, die sich oft in endloser Mühsal verbrauchen mußte auf langen Wegen zu kleinen, verstreuten Feldstücken, auf Marktgängen, die ein paar magere Batzen eintrugen, in der Sorge um Vieh und »Ziefer«. Feierabendbauern gibt es noch genug, die ein Teil Land nicht aufgeben wollen und oft in gegenseitiger Aushilfe ihr Ding vorwärtsbringen; noch spät in Nächten kann man auf Feldern, von Scheinwerfern angestrahlt, Maschinen am Werk sehen.
Auf der Alb ist man fleißig. Außer dem, daß auf Arbeit gefahren wird, mag zu Hause noch eine Strickmaschine stehen, auch zwei, die Erwerb bringen. Aus der einen oder den zwei Strickmaschinen wird ein kleiner Betrieb. Wenig nutzbare Flächen zeigen sich als Schigelände ergiebig, eine Liftanlage wird erstellt. Etliche tun sich zusammen, um in so einem Unternehmen zu investieren: freilich die Sorge des Landmanns, seine Abhängigkeit vom Wetter, bleibt auch hierin nicht gebannt; nicht jeder Winter will so, wie er sollte. Außer den zahlreichen Schigebieten gibt es Fluggelände mit lebhaftem Treiben. Der Verkehr allgemein, die Freizeitanlagen bringen Umsatz. Ein Bauernland ist die Alb trotz ihrer Weite nicht mehr. Lebensgrundlage bilden die industrielle Arbeit, die Bedürfnisse der industriellen Gesellschaft.

Städtenamen

Das bäuerliche Anwesen, das »gewachsene«, »eingebettete« Dorf beziehen wir nahezu selbstverständlich in die Landschaft ein. Nicht ganz so steht es mit den Städten. Seit Uruk und Babel liegt im Prinzip Stadt der Kontrast zum »Draußen«, zum kreatürlichen Dasein. Stadtleben, Landleben bedeuteten tiefe Unterschiede der Denkformen und Gewöhnungen bis in jüngste Zeit. Gehören Städte zur Landschaft? Gemessen an den Gestaltungen der Natur, an den zeitlichen Dimensionen seit dem Eintritt des Menschen sind Städte jüngste, kurz aufgesetzte, auch transitorische Bildungen. Doch trägt auch die Landschaft den Stempel des menschlichen Zugriffs. Selbst jene Abschnitte, die als Schutzzonen eingehegt und erhalten werden, sind, wenn auch mittelbar, von archaischen Nutzungsformen geprägt. Erst der Stadtmensch reflektiert und »entdeckt« die Landschaft.

Wie und wo kommt es zu den Stadtgründungen? Unser Raum kennt nicht, wie der mediterrane, das Zusammenrücken von Ackerbauern in umfänglichere, auch bewehrte, stadtähnliche Siedlungen. In der Nachfolge des römischen Imperiums verbindet sich Stadtgründung mit weiter ausgreifender territorialer Disposition. Es gibt Gründe für die Annahme, daß die römischen *castra* eine Vorform städtischen Lebens vermittelt haben. Ob wir die früheren keltischen *oppida* als Städte in unserem Verständnis ansehen können, ist die Frage. Und so eindrucksvoll deren Berglagen und Umwallungen sich darstellen, so wenig es an glanzvollen Örtlichkeiten fehlen würde, das Modell der Bergstadt haben wir bei uns nicht. Die Bedingungen waren andere als im südlicheren Raum. So finden sich bei uns, wenn auch nicht Bergstädte, so doch »auf« der Alb, als ältere Städte nur Münsingen und Hayingen; landesherrliche Sorge bestimmte sie zur Beförderung von Handwerk, Handel und Wandel. Neuere, von der industriellen Entwicklung emporgetragene Stadtgemeinden nehmen wir dabei aus. Ältere Städte liegen im Vorland, an den Flußläufen, in den Talfurchen. Man geht in die Stadt »hinunter«.

Offenkundig spielen die Aufstiege und Überwege ihre Rolle: die Geislinger Steige nach Ulm hinüber, das Lenninger Tal für den Ausgangspunkt Kirchheim, das Ermstal für Urach, die Honauer Steige für Reutlingen und Pfullingen, Lauchert- und Killertal für die Verbindung nach Sigmaringen, auf der Ostalb die Kocher-Brenz-Furche mit Aalen und Heidenheim. Für den Stadtmarkt, die Gewerbe und Manufakturen bildete die Alb das natürliche Hinterland, sie lieferte die Produkte von Feldbau und Schafzucht, den wachsenden Industrien brachte sie Arbeitskräfte zu. An Reutlingens Gerber- und Färberzünfte konnten die späteren Textil- und Lederverarbeitungen anknüpfen. Schon im Spätmittelalter wurde im Gebiet der Ostalb Erz gegraben und wurden Schmelzöfen unterhalten. Die Wasseralfinger Hüttenwerke blikken auf eine Geschichte von über dreihundert Jahren zurück. Steinbrüche sind von jeher betrieben worden. Der riesige Bedarf an Zement und Schottern läßt die ebenso riesigen Anlagen für den Abbau, die Verarbeitung, den Transport entstehen. Der Abbau reißt Berge an, er trägt Berge ab.

»In ein freundliches Städtchen tret' ich ein« – solche Mörikesche Erwartung darf der Albwanderer nicht mehr hegen. Nun, ein Zipfelchen derartiger Stimmung weht noch da und dort, – so fällt Munderkingen mir ein, wo der Ankömmling diesseits der Donau, in dem Frauenbergkirchlein durch die grauslich gemalte Historie von der Schlange im Brunnen fromm erschreckt wird; dann leitet die Brücke ihn über den Fluß der bescheiden-ansehnlichen Stadtfront entgegen in Gassen und Märkte. Allgemein wird das Bild der Städte heute durch ihre Industrien bestimmt. Das bedeutet Angleichung in der äußeren Erscheinung, es bedeutet dieselben Probleme, mit denen sie alle zu tun haben, und es bringt einen Schwund älterer, individueller Züge. Ein Bewußtsein besteht heute für die Gefahren, die unseren Städten drohen und die nicht im Hirn von Phantasten leben, sondern massive Form annehmen; selbst die Frage wird laut, ob es nicht dennoch und unter anderem zu den Aufgaben einer Stadt gehören könne, freundlich zu sein. Trotzdem gehen Zerstörungen weiter, vielleicht unvermeidliche, sicher aber auch unbesonnene, die man bereuen wird. In den Stadtkernen räumt die Sanierung irreparabel auf. Mancher vermeintliche Fortschritt erweist sich als Finsternis. Nicht nur Flächen werden bedeckt, auch die Massen und Höhen verwischen alte Proportionen.

Um einen Städtekatalog kann es sich hier nicht handeln. Der gegebene Rahmen bietet nicht Raum für historische Abrisse, statistische Angaben und Nennung von Potentialen, auch nicht Aufzählung von Objekten, die als Sehenswürdigkeiten gelten. Der Versuch einer Schilderung würde sich schnell verstricken, in der Wiederholung versickern und im Slogan kurzschließen. Was die Moderne geschaffen hat an Bauten und Einrichtungen, gibt Beweise von Willen und Leistungsfähigkeit, doch sind die Formen auf eine andere Weise austauschbar als die der Historie und des Landschaftsgepräges. Einige Na-

men können wir nennen und damit den und jenen charakteristischen Zug ansprechen, der nicht verschüttet ist. Etwas wie einen Lokalgeist gibt es trotz aller Mobilität und Signalgeschwindigkeit. Er zeigt seine Spuren.
Was die Städte gemeinsam haben in ihren älteren Kernen, in der Bauweise, der Straßenlage der Häuser, ist das schwäbische Element. Besonderheiten der Physiognomie, Atmosphärisches – wenn der ungenaue und doch nicht entbehrliche Ausdruck verstattet ist – hat der Lauf der lokalen Geschichte eingebracht, Herrschaftsverhältnisse, wechselnde Verwaltungen, tätige Geschlechter eines Ortsadels oder Unternehmertums. Nicht nur Wappen, auch Firmenzeichen. Nicht zuletzt Konfessionen. Neben dem reichsstädtischen Bereich, der fürstlichen Amtsstadt bestand das Regiment des Krummstabs, unter dem »gut leben« war. Es gab das Land Hohenzollern, es gab die vorderösterreichische Herrschaft mit den »fünf Donaustädten«, die im Volksmund auch »Hexenstädte« hießen; nicht ihrer weiblichen Einwohner, sondern ihrer Fasnacht wegen. Niemand wird ihre Besonderheit leugnen gegenüber altwürttembergischem Bereich.
Unter den Reichsstädten hat eine vordere Rolle das mächtige Ulm gespielt. »Ulmer Alb« war ein großer Teil seines reichsstädtischen Territoriums. Unter fränkischer Herrschaft ein *palatium regium*, unter Rudolf von Habsburg als Reichsstadt bestätigt, gab sich die Stadt in dem »Großen Schwörbrief« von 1397 ihre Verfassung. Sie war Haupt des Schwäbischen Städtebundes und griff so in umfassendere politische Auseinandersetzungen ein. Ulms Münster kennt alle Welt. Doch es ist nicht nur das Münster allein, eine Reihe von ersten Namen der späten Gotik sind mit Ulm verbunden, die Syrlin, Multscher, Erhart, Zeitblom, Schaffner. In der Zeit nach dem Zweiten Weltkrieg trat die Ulmer »Hochschule für Gestaltung« auf den Plan und berief Kräfte von internationalem Ruf. Heute ist Ulm auch Universitätsstadt.
Freie Reichsstädte waren Gmünd, Aalen und Nördlingen; selbst die kleineren Bopfingen und Giengen behaupteten ihre Reichsfreiheit bis in die napoleonische Zeit. Wie in dem weit bedeutenderen Ulm gewannen in Reutlingen die Zünfte früh die Vorhand im Stadtwesen, und wie in Ulm kam es in den Wirren des Glaubenswechsels zu einem Bildersturm, dem »Götzentag«. Jene Tage des reformatorischen Umbruchs brachten der Bürgerschaft ein starkes Selbstbewußtsein; mit der Unterzeichnung der Augsburger Konfession stellte sie sich Nürnberg zur Seite. Mit dem Ulmer Münster kann sich Reutlingens Marienkirche nicht messen; immerhin ist sie neben Ulm und dem Gmünder Heiligkreuz der bedeutendste gotische Bau in unserem Raum. Eine »prächtige Kapelle« war von der Bürgerschaft der Stadtpatronin gelobt worden, nachdem sie, treu zu den Staufern haltend, einen Handstreich der Partei Heinrich Raspes erfolgreich abgewiesen hatte. Mit ihrem dreiteiligen Portalsystem, dem repräsentativen Aufbau der Einturmfassade zeigt sie ihren Anspruch. Der goldene Engel des 14. Jahrhunderts, den die Turmspitze trägt, ist ein Wahrzeichen. Der Chor schließt rechteckig, im Inneren erscheint er durch eine optische List als ein Mehreck. Gegenüber dem Hochdrang, den sehnigeren Strukturen linksrheinischer Vorbilder bleibt dem Bau eine gewisse Schwere, die schwäbisch-bedächtig scheinen mag. Unter dem alten Häuserbestand Reutlingens hat schon der große Stadtbrand von 1726 (»Oh Reutlingen, dein Sünd', dein Brand'« meinte das Flugblatt) Verheerungen angerichtet – wie es ähnlich der Stadt Tuttlingen durch den vernichtenden Brand von 1803 widerfuhr. Die alte Stadtwehr (– die sich Nördlingen mit seltenem Glück erhielt) beseitigte bis auf Reste das 19. Jahrhundert. Die Bomben, die Ulm verwüsteten, haben Reutlingen wenig Eintrag getan. Stärker als sie haben spätere Planungen dem Stadtbild zugesetzt.
Politisch haben die Reutlinger »Geist« gezeigt, und ihre unternehmerischen Tugenden sind sprichwörtlich. In Reutlingen wird hart gearbeitet und zusammengehalten. Friedrich List, der unerschrockene Politiker und weitblickende Nationalökonom, war ein Reutlinger. Hier spielt kein Zufall des Geburtsortes; als Ratsherrensohn eines altdemokratischen und gewerbefleißigen Gemeinwesens lebte er aus substantieller Tradition. Das aktive Leben –: nicht in gleicher Dimension, aber als bezeichnende Gestalt mag neben dem großen List eine andere Reutlinger Figur stehen, der »Vater Werner«. Mit seinem Leitwort »Was nicht zur Tat wird, hat keinen Wert« verwirklichte er eine nicht meditative, sondern tätige Seite des schwäbischen Pietismus. Der geistliche Revolutionär und suspekte Vikar sammelte seine Hörer in Grasgärten und Schafställen und entwickelte Ideen zu einer »Christlichen Fabrik«. In ihr sollten auch Schwache sich selbst und einander helfen. Er wurde der Begründer des Reutlinger »Bruderhauses«.

Die Reformation, der die Reutlinger sich verschworen, hat sich in Gmünd nicht durchgesetzt. Ungewöhnlich reich ist die Stadt deshalb nicht allein an erhaltenen mittelalterlichen Bauten; auch in spätere Zeit hinein setzte kirchliche Bautätigkeit sich fort. Gmünd ist eine Goldschmiedestadt, und die fromme Legende vom Geiger zu Gmünd, für dessen Unschuld die Heilige Jungfrau den Goldschuh auszieht, hat ihren guten Ort. Eine eigene Lebensart scheint sich in jener bürgerlichen Kultur darzustellen, die noch einmal im 18. Jahrhundert eine Reihe von ganz ausgezeichneten Gemeindebauten, auch bürgerlichen Residenzen entstehen ließ. Neben ihrer urbanen Leichtigkeit und heiterer Schmuckweise steht die spätromanische Kirche zu St. Johannes in altertümlichem Ernst. Konservativ in Anlage und dekorativer Gestaltung war sie schon in ihrer Entstehungszeit. Ikonenhaft starr blickt an der Außenwand die archaische Sitzmadonna ins Straßentreiben, urtümliche Ungeheuer, Fabelwesen sind in Friese, auf Fensterbänke und Bogenfelder gebannt. Gegenüber solchen Zügen der Beharrung spricht aus dem anderen kirchlichen Hauptbau, dem Heiligkreuzmünster, ein anderer, vorwärtsdrängender Geist. Der Bau ist um ein rundes Jahrhundert jünger als die Reutlinger Marienkirche. Reiner und müheloser setzt sich der gotische Baugedanke durch. *Henricus de Gmunden in Suevia* wird in einer Inschrift am Prager Dom genannt. Die Spuren der Parlerwerkstatt zeigt der Gmünder Bau im Architektonischen wie in der skulpturalen Ausstattung. Die Raumform ist nun, in Ablösung des basilikalen Modells, die Halle mit drei Schiffen von gleicher Höhe; die Seitenschiffe umlaufen den Chor mit seinem Kapellenkranz. Solche Raumform schafft Weite, Licht, Bewegung. Dazu kommt die gestraffte Übergabe aller tragenden Funktion an die Stützen, Streben und Rippen; mit der Auflösung der Wände kann sich das Durchscheinende des Bauwerks steigern. An die Stelle des Mauerwerks tritt das Glas; die hohen Glasfenster strecken sich im Langhaus durch die gesamte Höhe, im Chor entsteht durch den Kapellenkranz eine zweigeschossige Ordnung.

Wie Gmünd, so ist Göppingen durch seine Lage den »Kaiserbergen« verbunden; das Schloß, das der Herzog Christoph, Ulrichs glücklicherer Sohn und Nachfolger, dort bauen ließ, kennzeichnet die alte württembergische Zugehörigkeit. Talaufwärts gründeten die Helfensteiner Grafen die Stadt Geislingen, wichtig als Eingang zur »Geislinger Steige«, deren Ausbau in der Pionierzeit der Eisenbahn ein bewundertes Ingenieurwerk gewesen ist. Mit seiner Metallwarenfabrik ist auch Geislingen Sitz eines Werks geworden, dessen Produkte in die Welt gehen.

Balingen wurde durch die Zollern zur Stadt erhoben, auch Hechingen, unter der Hohenzollernburg gelegen, ist eine Zollernstadt. Hechingens Hauptkirche zu St. Jakob zeigt ein nicht ganz häufiges Beispiel eines Kirchenbaus im klassizistischen Geschmack, von distinguierter Kühle; ein durchreisender Weimaraner, Herr von Goethe, fand Anlaß, den Bau lobend zu notieren. Sigmaringen, ursprünglich Sitz einer eigenen Herrschaft, gelangte ebenfalls an die Hohenzollern, die der Stadt das Gepräge der fürstlichen Residenz gaben. Die alte Burg wurde nach einem Brand gegen Ende des letzten Jahrhunderts nach damaligen Vorstellungen erneuert, der weitläufige, sich eindrucksvoll darstellende Bau enthält eine reiche Kunstsammlung. Es gab also, was zur Residenz gehört, Schloß und Museum, Theater und Hoflieferantenschild. Fast hundert Jahre lang, bis 1945 war Sigmaringen Hauptstadt eines preußischen Regierungsbezirks und damit Sitz einer nicht stets landesbürtigen Beamtenschaft, die sich dort wohlgefühlt haben soll. Die Kleinresidenz: Nicht versagen können wir uns, auf das wenig bekannte, winzige Beispiel Oberdischingen hinzuweisen, am Fuße des Hochsträß, zwischen Ulm und Ehingen. Hier saßen die Schenk-Castell, unter denen der »Malefiz-Schenk«, Greifer und Besserer aller Übeltäter, populären Namen gewonnen hat. Noch einmal treffen wir hier eine klassizistische Kuppelkirche strengen französischen Geschmacks, wunderlich genug davor eine griechische Tempelfront. Den eigensten Reiz bildet die planvoll angelegte Herrengasse: Hier hat der Planer den Kunstgriff getan, die Längsfronten nicht parallel, sondern divergierend vorzuzeichnen; so täuscht die Optik bedeutendere Dimensionen vor.

Residenzstadt ist auch Urach einmal gewesen, vierzig Jahre allerdings nur, während der Teilung Württembergs in die Stuttgarter und die Uracher Linie, bis der Vertrag von Münsingen (1482) die Wiedervereinigung zustande brachte. Der Graf Eberhard, ein weltläufiger Mann und Gründer der Universität von Tübingen, hat die Stadt bevorzugt; noch ist in der Kirche zu St. Amandus der holzgeschnitzte Betstuhl des Fürsten erhalten. In dem stattlichen Schloßbau mit seiner vierschiffigen Dürnitz und dem reich dekorierten Goldenen Saal kehrt die Devise des Grafen mehrfach wieder: *Attempto* – »ich wag's«, verbunden mit dem symbolischen Palmbaum, der an die Morgenlandfahrt des Grafen, halb Pilger- halb Bildungsreise, erinnert. Der einstige Mönchshof hat eines der vier theologischen Seminare aufgenommen, eine Institution, zu der das einst vielgenannte württembergische »Landexamen« den Zugang bildete und deren Zeit soeben zu Ende geht. Neu ist Urachs Aufschwung zur Bäderstadt.

Wie Urach, so hat auch das trefflich erhaltene Kloster Blaubeuren seit der nachreformatorischen Zeit Generationen von Seminaristen beherbergt. Der Klosterbau hat, während andere große Abteien unseres Gebiets dem Abbruch verfielen oder durch Umbau ihr Gesicht änderten, seine spätmittelalterliche Anlage bewahrt. Ein Werk ersten Ranges ist der Blaubeurer Hochaltar; neben Gregor Erhart, dem Figurenschnitzer, sind an ihm Jörg Syrlin und als Maler Bartholomäus Zeitblom und Bernhard Strigel beteiligt. In dem erstaunlichen Quelltopf der Blau hat Mörike seine »Schöne Lau« Wohnung nehmen lassen. In seinem Tal, umstanden von skurrilen Felsbildungen, mit dem Reiz von Wald und Gewässer, Klosterromantik und hoher Kunst, ist Blaubeuren so recht das, was der Sprachgebrauch früher eine Perle genannt hat. In diese Perle lockte Karl Eugen, der »Karl Herzog«, seinen flüchtigen Untertan, den Schubart, der im freien Ulm sicher saß, um ihn hier zu arretieren. Schubarts eigene Niederschrift über die verhängnisvolle Reise, die er voll schlimmer Ahnung und doch unbegreiflich willenlos antrat, liest man mit Bewegung.

Wie gerade in Gegenden, die als rauh gelten und an natürlichen Hilfsmitteln wenig anbieten, Lebenswille und industrieller Fleiß zum Aufstieg führen kann, erweisen Städte wie Spaichingen, Ebingen (heute Albstadt), Schwenningen und Tuttlingen; dazu kommen andere Orte, früher kaum genannt, die Stätten der Produktion geworden sind. Erzvorkommen der Ostalb wurden genutzt. Allenthalben hat man in Württemberg die Wasseralfinger Eisengüsse gekannt, Brunnentröge und Brunnenfiguren, die mit Wappen, mit biblischen oder mythologischen Szenen geschmückten Ofenplatten. In der bürgerlichen Wohnung hing die Wandzier aus schwarzem Guß, in der das Relief und die Manier des Scherenschnitts sich verbanden, gute klassizistische Entwürfe mit Familienszenen, Jahreszeiten und dem redlichen Werk des Landmanns. Von Aalen-Wasseralfingen über Oberkochen bis Heidenheim und Giengen erstreckt sich heute eine Industriezone. Heidenheim, unter dem Renaissanceschloß Hellenstein gelegen, eine alte Gewerbestadt, ist früh durch seinen Maschinenbau, doch auch andere weithin namhafte Produktion hervorgetreten; innerhalb der Bevölkerung und durch Zuzug aus den Albgemeinden bildete eine selbstbewußte Arbeiterschaft sich aus. Oberkochen wurde im Gefolge der Kriegsereignisse zum neuen Standort einer längst in der Welt bekannten Firma, der Zeiss-Werke. In Bescheidenheit fängt, vor allem im Schwäbischen, manches an, das eines Tages groß wird. Wir hatten in Giengen Verwandte. Ich höre noch, in meiner Kinderzeit, das Gespräch gehen, in dem eine Schulkameradin vorkam, das »Gretle«; es habe Einfälle und eine geschickte Hand und beschäftige sich mit dem Nähen von Puppen und dem Erfinden von Spielzeug. Inzwischen ist daraus ein großer Betrieb geworden, und Puppen und Spielgetier ziehen aus ihm in Legionen in alle Welt. Sie tragen den »Knopf im Ohr«.

Einsamkeit und Freizeitwert

Auf der einen Seite steht die Welt der Arbeit, auf der anderen der notwendige Ausgleich. Hier treten Landschaften wie die Alb in Bezüge ein, die sich erst in jüngerer Zeit artikulieren. Stichworte lauten: Freizeitwerte, Erholungspotential.

Die Kolonnen der Autos, die jedes Wochenende in Marsch setzt, stellen eine Massenbewegung dar. Wie weit sich Natursehnsüchte, Freiheitsdrang, modische Nostalgien vermischen mit Angewöhnungen und Verhaltensmustern, bleibe hier offen. Die Bewegung besteht. Sie drängt, mehr oder minder bewußt, aus Funktionszwang und Planung hinaus in das Offene, nicht Geplante.

Seit wann gibt es einen Zug zur Landschaft, ein Interesse an ihr abseits ihrer wirtschaftlichen, technischen oder militärischen Nutzbarkeiten? Von dem Geschichtschreiber des Kaisers Probus (276–282), der berichtet, wie ein germanischer Gegner *ultra Nicrum fluvium et Albam*, hinter Neckar und Alb zurückgeschlagen worden sei –, von ihm können wir nicht annehmen, daß ihn Landschaftsqualitäten beschäftigt haben: Finsternis,

Nässe und Barbarei hat wohl seine Vorstellung mit solchen Namen verbunden. Für den Jäger wie für den Hirten und Bauern stehen Vorkommen und Erträge im Blickpunkt. Jenes »interesselose Wohlgefallen«, das sich, wie auf Werke der Kunst, auf das »Natur-Schöne« richtet, gehört anderen Lebensformen, anderen Epochen an. Dabei wechseln die Zuwendungen. Spät sind die Hochgebirge, endlich die Wüsten, die Einöden als ästhetische Qualitäten in Betracht gezogen worden; es bestanden Vorstellungen wie die der »amönen«, das heißt maßvollen und anmutreichen, dem Menschen holden Landschaft, die dem Anspruch gerecht war und den Maßstab setzte. Gustav Schwab noch, der in seinem 1823 erschienenen Werk die Alb für das romantische Empfinden gleichsam aufbereitet hat, sieht sich veranlaßt, seinen Gegenstand zu rechtfertigen gegenüber dem Leser, der »im höheren Styl verwöhnt worden ist«. So versäumt er nicht Anweisungen darüber, um welche Zeit die Alb aufzusuchen sei: nicht die allererste Blütezeit sei es, vielmehr die Zeit der Spätblüte, zu der sich die Landschaft am vorteilhaftesten präsentiere. Es geht also um den Sonntagsstaat – so wie man im Sonntagsstaat sich dem Porträtisten stellte. Wir Späteren denken etwas anders von Sonntagskleidern. So wenig sie uns mißfallen, unser Urteil erweitert sich. Der Schiläufer, der Segelflieger, der einfache Berg- und Waldgänger haben andere Erwartungen und finden sie erfüllt.

Das Genießen der Landschaft, die – freilich zweifelhafte – Zuwendung zum »einfachen Leben«, die schwärmende Einsamkeit waren einst Bedürfnisse, auch das Vorrecht weniger, die Besitzstand und Vorbildung zum Genuß solcher Art disponierten. Wanderbewegungen, Heimatvereine haben die Kreise weit ausgedehnt. Sorgen, wie sie der Wanderer Schwab noch hatte mit Wegen, »die notwendig einen Führer erfordern«, hat der Schwäbische Albverein kundig und gründlich behoben. Das Auto schafft endlich allen den raschen, vergleichsweise mühelosen Zugang.

So wird die Alb als Landschaft »erschlossen«. Die Planung greift nach ihr aus, sie registriert die Erholungswerte und disponiert über Schwerpunkte. Das geht nicht ohne Widersprüche ab. Notwendig fegt Funktionalisierung den Schmelz ab, die Frische des Entdeckens, den Charakter des Ungenannten und Unbegangenen, das Empfinden, weitab und allein zu sein. (Übrigens ist kein Mangel. Es gibt noch genug Gegenden, in denen der Blick kein Dach, keinen Menschen, kein Auto sieht.) Von dem Rummel sei nicht die Rede, der sich da und dort etablieren und Kasse machen will – manche Gemeinde wehrt ihm in richtiger Einsicht. Aber es gibt Empfindliche, die schon für Vorkehrungen wenig übrig haben, für Beschilderungen, Lehr- und Plantafeln, Trimm-dich-Pfade. Andere aber begrüßen sie als Erleichterungen. Wir sind viele, die Bedürfnisse sind verschieden, und jeder hat sein Anrecht. Nicht jeder findet sich »draußen« so schnell zurecht. Hilfen, Angebote sind ihm willkommen.

Hört man das Wort eines Politikers, wie es zu einem Hauptproblem werde, dem Menschen zu helfen, seine Freizeit zu bewältigen, drängt sich das Paradoxe darin ebenso auf wie die Richtigkeit der Meinung. Ein Wort wie »bewältigen« deutet aufs neue das an, dem man eben entkommen wollte: Anspannung und Leistung, Leistungen des Erschließens und Leistungen dessen, dem sie zugedacht sind. Die Angebote und Einrichtungen samt dem Zulauf, mit dem sie rechnen, tun zwangsläufig manchen Eintrag, sogar kann ein Umschlag eintreten; es wird zu laut, und man geht nicht mehr hin. Doch steht dem Abtrag auch ein Bewußtsein entgegen, das manchmal wachsamer waltet als angesichts städtischer Bereiche. Für die Landschaft, auch die Zeugnisse der Historie in ihr – und als ganzes, in ihrem Bild, ist sie selbst geschichtlich – wird viel getan. Das kostet Geld, viel sogar. Nachzulesen ist, welche Summen in Voranschlägen und Rechnungen stehen für Reinigen und Mulchen von Wacholderheiden, für Aushauen und Freischneiden, Mähen und Abräumen von Hangwiesen und Magerrasen; dazu kommen andere noch beträchtlichere Summen für die Erhaltung gefährdeter Baugestalten, nicht zuletzt der Wege. Hier wird nicht produziert, vielmehr, die Erträge stehen in einem feineren System. Hier gilt es, den Weg zu finden zwischen Verwaltung und Spontaneität, Offenheit und Programm. In der »gewordenen« Landschaft hat eine Ästhetik gewaltet, die freilich nicht durch Theoreme gestützt war, sie ergab sich nicht allein aus Nutzungsformen. Man braucht sich nur anzusehen, wie auf den alten Markungen die alten Bäume stehen, das heißt, wie und wo man sie stehen ließ. Reservate allein tun es nicht, und nicht das Konservieren von Objekten. Die Alb muß am Leben bleiben.

Schwäbische Alb im Bild

mit Zwischentexten und Bilderläuterungen
von
Hermann Baumhauer

Ostalb

Härtsfeld und Albuch sind die zwei östlichsten Landschaften der Schwäbischen Alb, die Furt von Kocher und Brenz scheidet sie voneinander. Fährt man von Norden auf sie zu, erscheint ihr Steilrand von fern her wie eine mauerhafte, nordostwärts gerichtete Diagonale, die fast behutsam von rund 750 auf 650 m abfällt und kurz vor Nördlingen vom Rieskessel abgebrochen wird. Kommt man der Diagonale näher, so erweist sie sich als eine von Buchten und Vorsprüngen, Nischen und Halbinseln lebhaft modellierte Schichtstufenlandschaft. Das Rosensteinmassiv über dem Textilstädtchen Heubach, dessen Ruine einst die Albuchsteige zur Lauterburg hinauf im Auge behielt, der Braunenberg über Aalen-Wasseralfingen, dessen Eisenerz schon 1668 der Kochertalindustrie ins Leben verhalf, die Kapfenburg über Lauchheim, eine imposante Schloßanlage des Deutschen Ritterordens, und die bizarre Ruine Flochberg am Riesrand sind die herausragenden Signale dieser Traufseite der Ostalb. Ihr vorgelagert sind zwei reizvolle, durch Vorgeschichte, römische Frühgeschichte und staufische Geschichte berühmt gewordene Einzelberglandschaften: im Osten das Vordere Ries um den 668 m hohen Ipf, im Westen das Stauferland mit den drei »Kaiserbergen«.

Hinter den bewaldeten Kammlinien des Steilrands fällt, wie man dem Schulsack glauben muß, das Albhochland in südöstlicher Richtung zur Donau hin ab, doch das Auge merkt wenig davon. Die »abgeflachte Tafel« gleicht auch auf der Ostalb eher einem in gelassener Bewegung erstarrten Gewell als einer Fläche: ein Land der weiten Horizonte, das unter hohen Himmeln großräumige Landschaftsbilder ineinanderfließen läßt, ein Land der maßvollen Rhythmen, von dem eine solide Verläßlichkeit ausgeht. Superlative, wer wollte sie hier erwarten! Den einzigen bescherte die Kunst des Barock: die Abteikirche Neresheim.

Als »ain rauch pergig velsig stainigs Länndl« bezeichnete um 1500 die Landesbeschreibung des Ladislaus Suntheim das Härtsfeld, den Albuch nannte er »ain pirgig hertt rauchs Ländl«; seine Adjektive machen wenig Unterschied. Mit Recht. Der Wald zeichnet beide Landschaften in gleicher Weise aus, ebenso tun es die Malmböden, die zwar steinig, aber fruchtbar sind. Laubwäldern und Böden verdankt die Ostalb ihre erstaunliche frühe Besiedlung, unzählige Grabhügel zeugen davon. Höhlen, Erdfälle und Trockentäler als die typischen Karsterscheinungen der Höhenalb finden sich hier wie dort, und wenn das Gebiet zwischen Brenz und Lone stolz ist auf die Anziehungskraft der Tropfsteinhallen seiner Charlottenhöhle, so kann ihm der Albuch mit dem »Felsenmeer« des Wentals paroli bieten. Der Egautopf bei Dischingen hat sein Gegenstück im Brenztopf von Königsbronn, die Quelle des Weißen Kochers bei Unterkochen ihre Komplementärin im Quellgrund des Schwarzen Kochers bei Oberkochen. Flora und Fauna gleichen sich weithin, nur dem Spezialisten erschließen sich Unterschiede, besonders im Bereich der uralten Feuersteinböden, Wacholderheiden. Naturdenkmale und geschützte Zonen gibt es überall. Und schließlich gleichen sich auch die abflachenden Rhythmen der großen Landschaftsbewegung, die östlich der Brenz die flachwellige Kuppen- und Schüssellandschaft um Neresheim und die Taxis-Schlösser ins walddurchsetzte Akkerland der »Jungen Pfalz« hinabgleiten läßt und westlich der Brenz die flachwelligen Wogen der Albuchwälder dem Ackerland der Heidenheimer Alb entgegenführt, – alles in allem eine Fülle von Gemeinsamkeiten, die das Entdecken von Nuancen lehren kann. Aber auch das Besondere ist da, Erd- und Menschengeschichte haben dafür gesorgt.

Das geologische Kuriosum des Härtsfelds säumt seinen östlichen Rand: der Rieskessel. Mit einem Durchmesser von rund 23 km hat ihn ein Meteor in den Albkörper ge-

schlagen, weithin Auswurfbrocken schleudernd und die Schwäbische Alb vom Fränkischen Jura trennend.
Im Steinheimer Becken hat der Rieskessel sein kleineres Gegenstück auf dem Albuch. Ries und Steinheimer Becken machten die Ostalb zum »Mekka der Geologen«.
Aber das »Mekka der Prähistoriker« hat nicht mindere Anziehungskraft, seine Schwerpunkte liegen im Lonetal und am Riesrand. Auf rund 60 000 bis 80 000 Jahre schätzt man die in Heidenheim, bei Giengen und in den Höhlen des Lonetals entdeckten ältesten menschlichen Spuren. Sie verwiesen auf Jägerhorden vom Neandertaltypus, dem 30 bis 40 Jahrtausende später der Homo sapiens diluvialis nachfolgte: der Altmensch der jüngeren Steinzeit. Durch ihn sind die Wohnhöhlen des Lonetales berühmt geworden; die Vogelherdhöhle ist ihr bekanntester Name, denn ihr entstammen die ältesten Zeugnisse künstlerischer Gestaltung: kleine Tierplastiken, »Europas wertvollster Diluvialschatz«.
Um vieles jünger sind die Menschenspuren im Osten des Härtsfelds. Die 1908 entdeckten, rituell bestatteten Schädel der Ofnethöhlen gehörten Wildbeutern, die vor rund 8000 Jahren lebten. Sie nomadisierten noch. 5000 Jahre später war der entscheidende Vorgang der Jungsteinzeit bereits vollzogen: der Tierzüchter und Ackerbauer löste die Jahrtausende der schweifenden Jäger und Sammler ab und machte den Naturraum zum Siedlungs- und Lebensraum – zu seiner Heimat. Der Goldberg am Riesrand dokumentiert die Stufen der Entwicklung vom zweiten Jahrtausend an. Die Siedlungen auf dem Ipf und ihre hallstattzeitlichen Wallanlagen sind von nicht minderer Zeugniskraft. Die keltischen Fliehburgen auf dem Rosenstein und dem Buigen, die Viereckschanzen auf dem Härtsfeld und die Hallstatt-Töpfe im Hellensteinmuseum von Heidenheim erweisen die Ostalb des fünften Jahrhunderts als ein bereits weithin erschlossenes und getauftes Land. Denn Alb, Ipf, Kocher, Lone, Egau und Donau sind keltische Namen.
Das römische Kaiserreich, das gegen Ende unseres ersten Jahrhunderts auch die Ostalb besetzte und im Albvorland den rätischen Limes anlegte, hat für die Erschließung der Ostalb viel geleistet. Die Römerstraßen bezeugen es, das Limesmuseum in Aalen dokumentiert es. Doch der Alamannensturm von 259 verwehrte seiner Leistung die Dauer. Was er zurückließ, waren die Rätsel der tiefsten abendländischen Kulturschicht: der Landnahmen, der fränkischen Vorherrschaft, der Christianisierung, der ältesten Kirche von Brenz (7. Jahrhundert), der ersten Zellengründungen in Ellwangen (764), Herbrechtingen (774) und Gmünd (777), – Rätsel eines halben Jahrtausends. Erst die Zeit der Staufer warf das volle Licht der geschriebenen Geschichte auf diesen Raum, in dem sich die Alb so leicht überqueren, die Remstalstraße mit dem Ries verbinden und die Macht durch Burgen sichern ließ.

1 Blick über den Ipf zur Traufseite der Alb
View over the Ipf to the steep ascent of the Alb
L'Ipf et le versant du Jura Souabe

2/3 Schloß Baldern
Baldern Castle
Le château de Baldern

4 Flochberg mit Burgruine und Wallfahrtskirche
Flochberg with castle ruins and pilgrimage church
Flochberg avec les ruines du château-fort et l'église de pèlerinage

5 Schloß Kapfenburg
Kapfenburg Castle of the Teutonic order
Le Kapfenburg, château de l'Ordre Teutonique

6 Benediktinerabtei Neresheim
Benedictine monastery, Neresheim
Abbaye bénédictine de Neresheim

7 Altarweihe in der Abteikirche Neresheim
Altar consecration in the monastery church, Neresheim
Consécration de l'autel de l'église abbatiale de Neresheim

8 Burg Katzenstein
Staufen castle of Katzenstein
Le Katzenstein, château-fort des Staufen

9 Dischingen auf dem Härtsfeld
Dischingen on the Härtsfeld
Dischingen sur le Härtsfeld

10 Am Fuß des Braunenberges: Wasseralfingen
Wasseralfingen situated beneath the Braunenberg
Wasseralfingen au pied du Braunenberg

11 Aalen mit Blick nach Unterkochen
Aalen with view towards Unterkochen
Aalen et vue sur Unterkochen

12 Im Wental
Walking tour in the Wen valley
Excursion dans la Wental

13 Die Steinernen Jungfrauen im Eselsburger Tal
The »stony virgins«, group of rocks in the Eselsburg valley
Les »Vierges de pierre« – groupe de rochers dans la vallée d'Eselsburg

14 Romanische Galluskirche in Brenz
The Roman Gallus church in Brenz
L'église romane de Gallus à Brenz

15 Die Vogelherdhöhle im Lonetal
The »Vogelherd« cave in the Lone valley
La grotte »Vogelherd« dans la vallée du Lone

16 Häuserzeile in Alt-Heidenheim
Row of houses in the old part of Heidenheim
Rangée de maisons à Alt-Heidenheim

17 Schloß Hellenstein
Hellenstein Castle
Château de Hellenstein

18 Das Steinheimer Becken bei Rauhreif
The basin of Steinheim in hoar-frost
Le bassin de Steinheim sous le givre

19 Burgruine Lauterburg
Castle ruins of Lauterburg
Le Lauterburg – château-fort en ruine

20 Die Große Scheuer auf dem Rosenstein
Grosse Scheuer – cave on the Rosenstein
La »Grosse Scheuer« – grotte sur le Rosenstein

Stauferland

Stauferland – den Namen ließ die geschichtliche Erinnerung wachsen, die Landkarte verzeichnet ihn nicht. In der Bedrängnis seines Investiturstreites mit dem Papsttum verlieh der salische König und Kaiser Heinrich IV. zu Ostern 1079 das Herzogtum Schwaben an Friedrich von Büren (Wäschenbeuren) und gab ihm seine Tochter Agnes zur Frau, das Kind zählte erst fünf Lenze. Das ohnedies kriegsgeplagte Schwaben tauschte dafür böse Jahre der Auseinandersetzung mit dem Haus der Welfen ein. Aber aus der salisch-staufischen Ehe erwuchs die Epoche der Herzöge, Könige und Kaiser, die sich nach ihrer Stammburg »von Staufen« nannten. In Friedrich I. Barbarossa (1152–1190), den die Städte Schwäbisch Gmünd und Göppingen als ihren Gründer ehren, und Friedrich II. (1215–1250), der das Reich von Sizilien und Apulien aus regierte, brachten die Staufer ihre bedeutendsten Gestalten hervor. Ihre Herrschaft endete 1268 mit der Hinrichtung Konradins, des letzten Herzogs von Schwaben, in Neapel; zwei Jahre zuvor hatte der Jüngling in der staufischen Johanniskirche von Schwäbisch Gmünd sein letztes Weihnachtsfest auf deutschem Boden gefeiert.

Für Schwaben begann mit der Zeit der Staufer die Periode der Burgen- und Städtegründungen, auch das staufische Stammgebiet umgürtet ein Kranz von Burgen. Ihr Kernstück, die Feste auf dem Hohenstaufen, hat 1525 der Bauernkrieg zerstört, der auch das staufische Hauskloster Lorch mit der Grablege der Herzogsfamilie und das unter Barbarossas persönlichem Schutz errichtete Kloster Adelberg hart mitgenommen hat. So verkörpert heute weniger der Hohenstaufen als die mächtige Ruine der staufischen Ministerialenburg Hohenrechberg (1179) das zentrale Glied der Burgenkette, die zwischen Donzdorfer Lauter, Fils und Rems das Stauferland sicherte: Staufeneck, Ramsberg, die Wäscherburg und Kloster Lorch sind die wichtigsten unter ihnen, nicht zu vergessen die befestigten staufischen Städte Schwäbisch Gmünd an der Straße Neckar–Rems–Ries und Göppingen an der uralten Fernstraße Filstal–Ulmer Alb–Donau. Da jede dieser Anlagen noch heute auf die Staufer verweist, geben sie der Erinnerung romantische Flügel. »Von ihren Burgen, jetzt in Staub zerschlagen / ward einst im Sturmeslauf die Weltgeschichte / bis in das ferne Morgenland getragen«, sang Eduard Paulus; viele fühlen wie er.

Auf der Landkarte wird das Stauferland überlagert von einem feinen Geäder kleiner Wasserläufe, die teils zur Rems im Norden, teils zur Fils nach Süden streben. Zusammen mit der Donzdorfer Lauter, die das Kalte Feld vom Albkörper zu trennen versucht, haben diese Rinnsale ein lebhaft modelliertes Relief geschaffen, aus dem der Hohenstaufen, der Rechberg und der Stuifen als markante Dreiergruppe emporragen. Die schwäbische Wandertradition taufte die drei Einzelberge »Kaiserberge«.

Die Kaiserberge sind Zeugenberge. Mit dem ganzen Stauferland zwischen Kaltem Feld und Rehgebirge bezeugen sie in besonders eindrucksvoller Weise die pausenlose Abtragungsarbeit des Wassers, das im Jurameer die Alb durch Ablagerungen gebildet hat, um sie seit der Tertiärzeit wieder langsam zu zerstören. Mit Ton-, Mergel- und kalkigen Schichten haben Wasser, Sonne und Frost leichtes Spiel. Aber der Opalinuston des Braunjura (Dogger), der 130 m mächtig den Albanstieg bestimmt, trägt über sich Brauneisensandsteine als harte Deckplatte und setzt ihm Widerstand entgegen. »Deshalb bildet Braunjura Beta eine deutliche Stufe im Albanstieg, am schönsten in der Ostalb, so das Rehgebirge mit dem Asrücken, auf dem Hohenstaufen, Rechberg und Stuifen als Vorberge sitzen« (Georg Wagner). Die Vorberge selbst, denen der Asrücken als Sockel dient, sind »Weißjura-Zeugenberge«.

Eine vortreffliche Einweisung in den Schichtstufenaufbau der Ostalb und dessen natürliche Lebensgemeinschaften gibt die landschaftsgeschichtliche Abteilung des Städtischen Museums von Schwäbisch Gmünd. Ein vom Remstal zum Hohenrechberg hinaufführender Geologischer Pfad führt mitten hinein in den Formenreichtum dieser Schichtstufenlandschaft, zwei aufeinander abgestimmte Einrichtungen, die Einsicht in die vielschichtigen Zusammenhänge von Geologie, Klima und Boden, Bewuchs, Lebewesen und menschliche Nutzung verschaffen. Sie erschließen zugleich Einblicke in unsere Verantwortung. Denn die Zerstörung der Landschaft durch den Menschen ist um vieles radikaler und rascher als die Abtragungsarbeit des Wassers. So haben die drei Verkehrs- und Wirtschaftsachsen, die im Remstal und im Filstal das Stauferland flankieren, während die Industrieachse Kocher–Brenz die Ostalb aufschließt, mit ihrem Nutzen auch Umweltschutzprobleme mit sich gebracht.

Naturschönheit und Geschichte haben dem Stauferland viel literarische Lobpreisung eingetragen. Justinus Kerner, der den in jüngster Zeit konservierten Fundamentrest der staufischen Stammburg noch nicht kennen konnte, sah den »alten Fels öd und beraubt«. Für Ludwig Uhland war er »aller schwäbschen Berge schönster«. Gustav Schwab, Otto Rombach und Hans Reyhing fanden einfühlsame Metaphern für ihre Begegnungen mit dem Stauferland, und Josef Mühlbergers schönes Bild vom Hohenstaufen als dem »Berg aus Klarheit, Anmut, Ernst und Traum« sei nicht vergessen. Aber auch der Sagenschatz hat hier eine alte Truhe, für Unerhörtes, Dunkles zumeist. Ist die Einsamkeit winterlich eingedunkelter Einzelgehöfte auf den Buckelwiesen und Burren ihr Quellgrund? Die Sagen vom Holzbrockeler, die bei der Landmarke der Reiterleskapelle daheim sind, deuten darauf hin. Oder regte die wilde Meute der Fabelwesen, die als Reliefplastik die Gmünder Johanniskirche und die stauferzeitlichen Kirchen von Faurndau und Brenz belauern, zum Fabulieren an?

Schwäbisch Gmünd ist das historische, Göppingen das motorische Stadtwesen im Stauferland. Während Göppingen seine staufischen Züge durch die Stadtbrände von 1425 und 1782 verlor und gleich dem Hohenstaufen schon wenige Jahre nach Konradins Enthauptung gewaltsam an die Grafen von Württemberg kam, konnte sie die Freie Reichsstadt Schwäbisch Gmünd mit einer katholisch geprägten gotischen Bürgerkultur verschmelzen. Das nahe Beisammen der romanischen, gotischen und barocken Bauwerke im Altstadtzentrum von Schwäbisch Gmünd wurde zum Siegel dieser Entwicklung. Zum Siegel des Göppinger Weges wurde die Filstalindustrie. Woran beide Städte gleichen Anteil haben, ist der »Freizeitwert« des Stauferlandes, in dem das Kalte Feld zu einem frühen Mittelpunkt des Wintersports und der Hornberg zum ersten Zentrum der Segelfliegerei geworden ist.

21 Schwäbisch Gmünd, Treppenhaus im »Prediger«
Schwäbisch Gmünd, stair-case in the cultural centre »Prediger«
Schwäbisch Gmünd – escalier du »Prediger«, centre culturel

22/23 Schwäbisch Gmünd,
Blick von Osten
Schwäbisch Gmünd, view from the east
52 *Schwäbisch Gmünd – vue de l'est*

24/25 Land der »Kaiserberge«
Landscape of the »Emperor Hills«, cradle of the Staufer dynasty
La région des »monts impériaux«, berceau des Staufen

26 Reiterleskapelle
Reiterles chapel, landmark of the Eastern Alb
La chapelle du Reiterle, un amer du Jura Souabe Oriental

27 Burgruine Hohenrechberg mit dem Hohenstaufen
Castle ruins of Hohenrechberg
 Le Hohenrechberg – château-fort en ruine

28 Burgruine Staufeneck
Castle ruins of Staufeneck
Ruine du château-fort de Staufeneck

29 Wäscherschloß
Wäscher Castle, with the Hohenrechberg in the background
Le château Wäscherschloss avec le Hohenrechberg à l'arrière-plan

30 Barbarossabüste aus Cappenberg
Bust of Barbarossa from Cappenberg
Buste de Barberousse de Cappenberg

31 Burg Hohenstaufen um 1470. Wandmalerei in der Oberhofenkirche in Göppingen
Hohenstaufen Castle, fresco dated about 1470
Château-fort de Hohenstaufen – fresque peinte vers 1470

Anno do
drissig und
acht iar ha
ben dise zu
geschriben

32 Die Nenninger Pietà von Ignaz Günther
The Nenningen Pietà by Ignaz Günther
La Pietà de Nenningen – une oeuvre de Ignaz Günther

Geislinger Alb

Wer vom Stauferland her über Donzdorf und die Kuchalb zur »Fünftälerstadt« Geislingen wandert, hat lange Zeit die weit entbreitete Szenerie zwischen Messelberg und Rehgebirge im Rücken und wird den Anstieg zur Ruine auf dem Scharfenberg, einer schon 1156 bestehenden Höhenburg nicht versäumen. Wer sich Geislingen vom Albuch her durch das Roggental nähert, begegnet unterwegs den Felssockeln der abgegangenen Burgen Roggenstein, Ravenstein und Hoheneybach, Herrensitzen des 11., 12. und 13. Jahrhunderts; im Städtchen Eybach selbst findet er das spätbarocke Schloß der Grafen von Degenfeld, jüngeres Gegenstück zum Schloß der Grafen von Rechberg in Donzdorf. Fährt man der Stadt auf dem Filstalweg zu, dessen Zugang die Burg Staufeneck beaufsichtigt, dann kommt man bei Kuchen den Mauerresten auf dem Spitzenberg nahe: Burg eines Barbarossa-Kanzlers, der 1190 als Kreuzfahrer fiel. Auch wer die Stadt vom oberen Filstal her aufsucht, findet Burgen vor, die Hiltenburg vor allem. Und ist endlich Geislingen erreicht, dann sieht man den Ödenturm als spätgeborenen Hinweis auf die einstige Feste Helfenstein wie ein Signal den Fünftälerkessel überragen. Hier, am Albaufstieg des Rohrachtals, war die Welt zu Ende, es sei denn, man kam als Freund oder zahlte Zoll.

Die Burgenliste ist bei weitem nicht vollständig. Doch sie verrät das Wesentliche: ein leicht zu beherrschendes Albrandgebiet, dem die staufischen und nachstaufischen Herrensitze ihren Willen und die Geschicke ihrer Erbteilungen aufprägten. Geschichte machten freilich nur zwei. Die Grafen von Helfenstein zuerst, die durch den Steigenzoll reich wurden, die Geislingen gründeten, im 13. und 14. Jahrhundert ein riesiges Territorium zwischen dem Hellenstein über Heidenheim an der Brenz und der Geislinger Alb besaßen und sich schließlich auf ihre Obere Herrschaft mit der Residenz Wiesensteig zurückziehen mußten, nachdem ihnen die Reichsstadt Ulm 1396 die Untere Herrschaft zwischen Albsteige und Großsüßen abgekauft hatte. Der Kauf hat die Reichsstadt bis zur napoleonischen Zeit zum zweiten Herrn im Filstal gemacht, einem wenig bequemen, wie hinzuzufügen ist.

Im übrigen wurde das Ulmer Filstal protestantisch, das »Täle« blieb katholisch; die Teilung der helfensteinischen Herrschaft beeinflußte daher auch die Kunstkarte. Während sich das »Geißentäle« dem Barock aufschloß und sich in der Wallfahrtskirche Ave Maria bei Deggingen ein Kleinod des Rokoko schenkte, verharrte der ulmische Teil bei seiner strengeren gotischen Tradition. Geislingen verdankt dieser Tatsache die Erhaltung hervorragender Schnitzwerke in der spätgotischen Stadtkirche, ebenso zwei der schönsten alamannischen Fachwerkbauten des Landes, den »Alten Zoll« und den »Alten Bau«. Auch der Ölberg eines Ulmer Meisters an der Pfarrkirche in Großsüßen ist ein bemerkenswertes Erbgut.

Doch es ist Zeit, vom landschaftlichen Formenreichtum dieses vielgliederigen Raums zu sprechen. Ihn erschuf das Wasser. Genauer: die Fils, die als kräftige Karstquelle hinter Wiesensteig entspringt, nach west-östlichem Verlauf im Geislinger Kessel auf Rohrach und Eyb trifft, um dann im rechten Winkel nach Nordwesten abzudrehen und dem Neckar zuzustreben. Auch die Fils gehörte einst zu den Flüssen, die die Ur-Lone mit den Wassern aus dem Raum Geislingen – Bossler – Göppingen belieferten. Als im Tertiär der kräftigere Neckar mit seiner Abtragungsarbeit begann und ein nach Norden ableitendes Flußnetz schuf, eroberte er sich auch den Einzugsraum der Fils. Er schnitt immer höher werdende Stufen in die Juraschichten hinein. Der Oberlauf der alten Donauzuflüsse ging dabei mehr und mehr verloren, nur ihr Mittel- und Unterlauf blieb erhalten. »Dabei ent-

standen«, um den Albführer zu zitieren, »keine tiefen Talspalten, sondern nur Pässe (geköpfte Täler), die in die schroff abfallende Stirnseite einschneiden und dabei die Alb bis zum oberen Filstal in langgestreckte Berginseln (Stufenrandberge) zerteilen.«
Bei dieser Zurückdrängung des Albrands wurden je nach ihrer Widerstandsfähigkeit die einzelnen Schichtstufen herauspräpariert, gerade das obere Filstal zeigt sie wie fürs Schulbuch zubereitet. Vor- und Rücksprünge, Windungen und Nischen, eine fruchtbare Talsohle und magere Hangwiesen, dazu ein lebhafter Wechsel von bewaldetem Hang und felsigem Kranz geben ihm seinen Reiz. Auch Bergstürze schliffen an seinen Formen mit. Sie erfolgten vor allem am Ende der Eiszeiten. Als die Talhänge übersteil geworden waren, rutschten ganze Gesteinsschollen ohne wesentliche Störung des Schichtverbandes ab, meist auf den Tonen des Braunjura. Das eindrucksvollste Beispiel ist die Hausener Wand, die der früheren Religionsgrenze wegen einst auch »lutherischer Fels« genannt wurde. Ein Bergsturz legte hier alle Schichten des Weißjura bloß, so daß nirgendwo ein genauerer Einblick in ihren Charakter zu gewinnen ist.
Ein nicht minder interessantes Phänomen der Geislinger Alb sind die Mineralwasservorkommen im »Täle«. Schon im 15. Jahrhundert verordneten Ulmer Ärzte Trinkkuren mit dem Säuerling aus Bad Überkingen, die Wappentafeln des alten Überkinger Badhauses berichten von 1557 an von prominenten Badegästen. Im 18. Jahrhundert erhielt auch Bad Ditzenbach ein Mineralbad, von seinem öffentlichen Sauerbrunnen wurde schon 1560 Gebrauch gemacht. Alter Popularität erfreuen sich die öffentlichen Sauerbrunnen von Geislingen, Süßen, Eislingen und Göppingen.
Was diese Quellen zutage fördern, sind Säuerlinge von unterschiedlichster chemischer Zusammensetzung. Bei ihrer Bildung wirken Sickerwasser und Auslaugungsgestein, aus der Tiefe eines vulkanischen Herdes aufsteigende und durch besondere tektonische Bedingungen am Entweichen gehinderte Kohlensäure zusammen. Von den Säuerlingen zu unterscheiden ist die Schwefelquelle, die Bad Boll berühmt gemacht hat und ihren Schwefelgehalt aus den Ölschiefern des Lias bezieht. Ein neues Kapitel in der Geschichte der Heilwässer schlug das Mutterhaus der Ditzenbacher Schwestern auf, als es 1969 mit Tiefenbohrungen begann und den Anstoß zu weiteren Untersuchungen im Albbereich gab. Das aus großen Tiefen geholte mineralisierte Thermalwasser ließ unverzüglich in Bad Überkingen das erste therapeutische Thermalbewegungsbad der Geislinger Alb entstehen, ein entwicklungsfähiges Geschenk, das auch für die Alb um Teck, Neuffen und Urach von Bedeutung ist. Der schwäbische Jura verdankt es dem tertiären Vulkanismus.

33 Geislingen an der Steige
Geislingen an der Steige – town of the five valleys
Geislingen an der Steige – la ville aux cinq vallées

34 Hausener Wand bei Bad Überkingen
Hausener Wand near Bad Überkingen
La paroi Hausener Wand près de Bad Überkingen

35 Roggennadel und Roggenstein im Magental bei Geislingen-Eybach
Roggennadel and Roggenstein near Geislingen-Eybach
Le Roggennadel et le Roggenstein près de Geislingen-Eybach

36 Die Kuppe des Burren
The summit of the Burren
Le sommet du Burren

37 Albbäuerin
Alb peasant
Une paysanne du Jura Souabe

38/39 Das obere Filstal zwischen Wiesensteig und Geislingen
The upper Fils valley
La vallée supérieure de la Fils

40 Deggingen, Wallfahrtskirche Ave Maria
Deggingen – pilgrimage church Ave Maria
L'église de pèlerinage Ave Maria de Deggingen

41 Wiesensteig mit der Malakoff-Brücke
Wiesensteig with the Malakoff Bridge of the Autobahn
Wiesensteig avec le pont Malakoff où passe l'autoroute

42 Steinernes Weib, Felsnadel bei Wiesensteig
»Stony woman« – rock-point near Wiesensteig
La »femme de pierre« – un éperon rocheux près de Wiesensteig

Um Teck und Neuffen

Der Reußenstein bei Wiesensteig ist in Position und Gestalt eine der romantischsten Burgen der Schwäbischen Alb. Kühn auf den Fels des Steilabhangs gesetzt, richtet die Ruine ihre Aufmerksamkeit nach Westen: zum Neidlinger Tal, das die Kirschblüte berühmt gemacht hat, zum Vulkangebiet des Randecker Maars beim Dorf Ochsenwang, wo der Pfarrverweser Eduard Mörike seine herrlichen Liebesbriefe schrieb, zur Limburg, einem vulkanischen »Pfropfen«, auf dem eine der ersten Hochadelsburgen des Landes stand, und schließlich zur Teck über Kirchheim, deren zähringische Herren die Burg Reußenstein als den östlichsten Vorposten ihrer »Herrschaft Teck« erbauen ließen. Die Bilderfolge besucht noch vieles mehr: Holzmaden und die Ruine Rauber, die Wielandsteine im Lenninger Tal, das Schopflocher Hochmoor und den Heidengraben – es ist nicht leicht, bei solcher Fülle von Ebenbürtigem die angemessenen Akzente zu setzen.

Die Mineralwasser und Thermalbohrungen des Filstals verwiesen uns auf den Vulkanismus der Alb. Dessen aktivste Zone ist beim Randecker Maar zu finden, dem größten und schönsten Explosionstrichter des Kirchheim-Uracher Gebiets, den die Ablagerungen eines Süßwassersees ausgefüllt haben. Die vulkanischen Ausbrüche ereigneten sich im Tertiär. Als sich vor 16 bis 20 Millionen Jahren die Alpen aufwölbten, drängten im Hegau und auf der Alb glutflüssiges Magma und mit Wasserdämpfen vermischte Gase mit explosiver Macht durch Spalten und Risse zur Erdoberfläche. Rund um das Randecker Maar waren es fast nur Gase, die ihr Ziel erreichten, weitaus den meisten Explosionsschloten blieb das Magma in der Halsröhre stecken, wo es zu hartem Basalt versteinte.

Diesen verstopften Schloten verdankt die Alb viel Schönheit. Da nämlich das Wasser gegen den Basalt schwer ankam, mußte sich seine Abtragungsarbeit mit dem weicheren Drumherum begnügen, so daß sich um den harten Kern kegelförmige Berge bildeten: Vulkanembryone wie Limburg und Jusi, Butzenberg und Florian, Calver Bühl, Metzinger Weinberg und Georgenberg. Wo aber den Schloten ein voller Durchschlag gelang, hinterließen sie Trichter, die sich mit Maarseen füllten. Auch ihnen verdankt die Höhenalb einige Annehmlichkeiten, die zahlreiche Albdörfer wie Grabenstetten, Donnstetten und Feldstetten, Laichingen oder Gruorn genützt haben, indem sie sich in ihnen niederließen. Denn im Gegensatz zur wasserdurchlässigen Kalkalb halten die Basalttufftrichter der einstigen Maare das Wasser beim Haus.

Der Aichelberg, der für den Autobahnverkehr zum Winterschreck geworden ist und die Ruine einer Zähringer Grafenfamilie trägt, ist ein Pfropfenberg vulkanischer Herkunft. Ihm zu Füßen liegt Bad Boll, das seine Schwefelquelle aus den Ölschiefern bezieht. Ihnen, den Posidonienschieferschichten, verdankt das Gebiet um Teck und Neuffen eine seiner Hauptsehenswürdigkeiten: das Hauffmuseum in Holzmaden/Teck. Weltberühmt gewordene, mit hoher Kunstfertigkeit herauspräparierte Versteinerungen von Fischechsen, Fischen, Wirbellosen, »Seelilien« erlauben hier den denkbar faszinierendsten Einblick in das Jurameer: in das versunkene Leben vor mehr als 130 Millionen Jahren, in eine Weltzeit also, die über 100 Jahrmillionen vor jener Periode liegt, als die vulkanischen Gase und Magmen im Erdinnern der Schwäbischen Alb revoltierten. Die Welt hat keine zweite Fossilfundstätte vom Rang der Posidonienschiefer von Holzmaden, sie ist daher zum Versteinerungsschutzgebiet erklärt worden.

Was Vulkanismus und Schieferschichten für den Geologen und Paläontologen, sind für den Archäologen die vorgeschichtlichen Befestigungsanlagen bei Grabenstetten und für den Landeskundler die Burgen. Wanderziele sind sie für jedermann. Die Entdeckung des »Heidengrabens« geschah schon vor Jahrzehnten, doch erst nach und nach haben sich die weitläufigen Erdschanzen als Schutzwälle einer keltischen Stadt, eines Oppidum, erweisen lassen. Was an Funden zutage kam, fügte sich ein in das Bild eines Stadtwesens von kurzer Lebensdauer, das offenbar auch die Bohnerze der Alb nützte, von Helvetiern um oder wenig vor 100 v. Chr. angelegt und rund 50 Jahre später wieder aufgelassen wurde. So ist der Heidengraben ein seltenes »Denkmal aus der Helvetierherrschaft in Süddeutschland, aus einem Abschnitt keltischer Geschichte, kurz vor dem politischen Untergang des Keltentums auf dem europäischen Festland« (Franz Fischer).

Ein Zufall wollte es, daß auch die älteste Hochadelsburg des Gebiets, die Limburg in helvetisches Land weist, denn die Ahnen des zähringischen Gründers von Bern hatten auf der »Lintpurg« ihr Zuhause. Gegen 1060 verlegte Berthold I. von Zähringen seinen Sitz von Weilheim auf den Bergkegel. Da die Zähringer im Investiturstreit auf päpstlicher Seite standen und zeitweilig sogar gegen die Staufer mit Ansprüchen auf das Herzogtum Schwaben auftraten, fielen Burg und Umland mancher Verheerung anheim. Was den Zähringern davon blieb, waren Groll und Herzogstitel.

Ihrem Groll verdankt die Burg Teck ihre Errichtung in den Jahren 1135 bis 1150. Sie wurde Sitz einer zähringischen Linie, die sich von 1187 an »Herzoge von Teck« nannte. Als das vornehmste Dynastengeschlecht in weitem Umkreis, das reichsunmittelbar war, erwarb es sich hohen Ruf, auch wenn seine »Herrschaft Teck« klein blieb. Doch die Staufer hielten sich in seiner Nähe. Als ihre treuen Parteigänger saßen die Herren von Neuffen schon seit dem Ende des 11. Jahrhunderts auf der Burg Hohenneuffen. Auch sie spielten ihre Rolle in der Politik des Heiligen Reichs. Doch als nach dem Untergang der Staufer die Sterne der erwerbstüchtigen Territorialfürsten aufgingen, sammelten die Grafen von Württemberg sowohl die Herrschaft Neuffen (1301) wie die Herrschaft Teck (1323, 1381) in ihre Scheune.

Der Hohenneuffen wurde unverzüglich zu einer der stärksten württembergischen Festungen ausgebaut, die Schleifung von 1801/02 machte die größte Ruine der Alb daraus. Die Burg Teck dagegen hatte mit dem Bauernkrieg 1525 ihre wehrhafte Rolle dahin. Ihre Aufgabe wurde halbzivil. 1888, im Jahr der Gründung des Schwäbischen Albvereins, erhielt die Ruine den weithin sichtbaren »Teckturm«, den das größte Bauvorhaben des Vereins in den fünfziger Jahren ersetzt und zum Kernstück eines Wandererzentrums gemacht hat. Weitum öffnet sich unter ihm das Land. Es zeigt in weit verstreuten Steinbrüchen alle Schichten seines Innerns, läßt die gärende Zeit der Vulkanschlote ahnen und die beruhigte der Maare, und es lockt mit einer Menge von Kunstzielen: der romanischen Martinskirche von Oberlenningen, den gotischen Kirchen in Owen, Neuffen und Nürtingen und dem Kleinod des Uracher Meisters Peter von Koblenz in Weilheim. 1830 stand der Owener Pfarrvikar Eduard Mörike auf der Teck. Seinem burschikosen Rat kann man nur beipflichten:

»Mag da drunten jedermann
seine Grillen haben;
wer sich hier nicht freuen kann
lasse sich begraben!«

43 Kirchheim unter Teck, Rathaus
Kirchheim unter Teck, town-hall
L'hôtel de ville de Kirchheim unter Teck

44 Die Teck mit dem Wanderheim des Schwäbischen Albvereins
Teck with the touring-house of the Swabian Alb Club
Le Teck avec l'auberge du Schwäbischer Albverein

45 Teck bei Sonnenuntergang
Teck at sunset
 Coucher de soleil sur le Teck

46 Fossiliensammler bei Holzmaden
Collecting fossils near Holzmaden
Collecteurs de fossiles près de Holzmaden

47 Seelilien im Museum Hauff in Holzmaden-Teck
Hauff primeval world museum in Holzmaden-Teck
Musée de la préhistoire Hauff à Holzmaden-Teck

48 Oberlenningen, Kirche St. Martin
Oberlenningen – medieval church of St. Martin
L'église St. Martin de Oberlenningen a été construite au Moyen-Age

49 Weilheim an der Teck, Pfarrkirche St. Peter: »Höllenrachen«

Weilheim an der Teck: parish church of St. Peter, fresco detail: the jaws of hell

La »gorge de l'enfer« – un détail de la fresque de l'église St. Peter à Weilheim an der Teck

50/51 Das Randecker Maar
Randecker Maar – evidence of the volcanic period of the Alb
Le cratère du Randecker – un vestige du vulcanisme dans le Jura Souabe

52/53 *Kirschblüte im Neidlinger Tal*
Cherry blossom in the valley of Neidlingen
La floraison des cerisiers dans la vallée de Neidlingen

54 *Randecker Maar mit Schafherde*
Randecker Maar with flock of sheep
Cratère du Randecker avec pâturages pour moutons

55 *Reußenstein, Palas*
Reussenstein – castle ruins
La partie résidentielle de l'ancien château-fort du Reussenstein

56 Ruine Reußenstein über dem Neidlinger Tal
Reussenstein ruins above the valley of Neidlingen
Les ruines du château-fort du Reussenstein surplombent la vallée de Neidlingen

57 Römersteinturm
Römersteinturm – observation tower of the Swabian Alb Club
Römersteinturm; propriété du Schwäbischer Albverein, la tour offre une belle vue panoramique

58 Ruine Rauber
Ruins of Rauber Castle above the saddle-bow of Teck
Ruine du château-fort du Rauber dominant l'arçon du Teck

59 Ruine Sulzburg
Sulzburg ruins in the Lenningen valley
Ruine du Sulzburg dans la vallée de Lenningen

60 Blick auf Lenningen mit Papierfabrik Scheufelen
View of Lenningen with the Scheufelen paper factory
Vue de Lenningen avec les papetries Scheufelen

61 Felsen im Lenninger Tal
Cliffs in the Lenningen valley
Rochers dans la vallée de Lenningen

62 Falkensteiner Höhle
Falkenstein cave, a cave with a natural reservoir, explored to a length of 3000 metres
Grotte du Falkenstein; cette grotte aquifère a été explorée sur 3000 mètres de long

63 Erkenbrechtsweiler, ein Ort der Albhochfläche
Erkenbrechtsweiler on the Alb plateau
Erkenbrechtsweiler – une localité située sur un haut-plateau du Jura Souabe

64 Burgruine Hohenneuffen
Castle ruins of Hohenneuffen
Ruine du château-fort du Hohenneuffen

65 Blick auf den Hohenneuffen
View of the Hohenneuffen
Le Hohenneuffen

66 Pfäler Tal bei Grabenstetten
Pfäler valley near Grabenstetten
La vallée »Pfäler« près de Grabenstetten

67 Der Heidengraben
The Heidengraben – ramparts of a Celtic town
Le »Heidengraben« – un fossé de rempart d'une ville celte

68 Neuffen, Ölberg der St.-Martins-Kirche
Neuffen: the Mount of Olives in St. Martin's church
Le Mont des Oliviers de l'église St. Martin à Neuffen

69 Beuren, Rathaus / Beuren – town-hall / L'hôtel de ville de Beuren

70 Nürtingen vor dem Albtrauf / Nürtingen am Neckar with the Alb-panorama in the background / Nürtingen am Neckar avec le panorame de l'Alb

Uracher und Münsinger Alb

Die Bilderfolge könnte nicht eindrücklicher beginnen. Im Vordergrund die Burgruine Hohenurach, einst das Ermstal und den Albaufstieg beherrschend, seit 1264 württembergische Burg; dahinter Dettingen an der Erms, ein Bauerndorf, das im 11. Jahrhundert Sitz der Grafen von Achalm war und zur Industrie- und Arbeiterwohngemeinde wurde; am Talausgang rechts zum Neckar hin der Jusi, der mit dem Hörnle den Neuffener Weinbergen Flankenschutz gegen Westwinde zu geben sucht; und schließlich zu Füßen des Jusi Kappishäusern, mit 500 Metern höchstgelegene Weinbaugemeinde in Baden-Württemberg.
Waldreichtum ist der bestimmende Eindruck, den das Bild hinterläßt. Doch die Talhänge verraten noch immer die weit ins Ermstal hineinkletternden Wengerte eines einst bedeutenden Weinbaugebiets. Der Weinbau hat seinen Schwerpunkt auf den Basalttuffhöhen des Metzinger Weinbergs und des Florian. Seit dem 12. Jahrhundert begleitet er das geschichtliche Leben des Raums um Metzingen-Neuhausen und ihrer Nachbargemeinden Neuffen, Owen, Beuren und Linsenhofen. Große Verdienste erwarben sich die Klöster Schussenried und Zwiefalten um ihn, 1135 pries der Chronist Ortlieb von Zwiefalten den Weinplatz Neuhausen im Ermstal als das »gelobte Land, reich an Frucht und Wein, Honig und Öl«. Aber die hohe Zeit der herrlichen alten Kelterhäuser von Metzingen und Neuhausen ist lange dahin. Die Reblandumlegung hat den Weinbau vor allem auf das Gebiet Metzingen-Neuhausen konzentriert und es zum größten zusammenhängenden Weinbaugebiet Südwürttembergs gemacht, im übrigen übernahmen Gewerbe und Industrie das tonangebende Wort. Schon im frühen 19. Jahrhundert begann sich diese Veränderung im Wachstum Metzingens abzuzeichnen: Für einen langen Zeitraum blieb es erheblich größer als seine Oberamtsstadt Urach, die vom 13. bis zum 20. Jahrhundert das politische Zentrum im Tal der Erms war und blieb.
Die Erms ist mit der Lenninger Lauter die wichtigste Entwässerungsader des Albabschnitts zwischen Kirchheim und Urach, die tiefen Einschnitte des Oberlaufs der beiden Flüsse und ihr besänftigter Weg durch die Gartenlandschaft des Neckartals ergeben kontrastreiche Landschaftsbilder. Die stärkste Kontrastfarbe freilich hat sich der Weißjura als das bodenbildende Gestein des Albhochlands vorbehalten, ihm zu begegnen ist gerade auf der Vorderen Alb über Urach immer aufs neue eine Überraschung. Flachgründigkeit und hoher Steingehalt der Kalksteinverwitterungsböden, kurze Sommer und lange Winter und vom Albrand nach Osten zu abnehmende Niederschlagsmengen bringen Anbaubeschränkungen für empfindlichere Kulturpflanzen mit sich. Obst, Mais und Braugerste fühlen sich hier wenig wohl, nur die steinarmen Mulden und windverwehten Trokkentäler überraschen – wie die Saatzuchtanstalt St. Johann in 751 m Höhe – mit gleichmäßigen Ernten. »Fleinsböden« nennt die »Karge Alb« ihre flachgründigen steinigen Böden, »Lixböden« ihre kräftigeren Verwitterungslehme, das Bauernjahr machen beide schwer. »Wer a stoinigs Äckerle hot ond an schartige Pfluag ond a rappeligs Weib dahoim, der hot zu scherre gnuag.« Die Redensart soll auf der Vorderen Alb und der Münsinger Alb zu Hause sein. Trotzdem – das freie Gefühl, das dieses offene Höhenland auszulösen vermag, wer wüßte es nicht zu schätzen! Daß auch einer kargen Welt Großes entwachsen kann, dafür stehen die gotischen Fresken aus Gruorn, die man ins Münsinger Heimatmuseum gerettet hat.
Aber in der Bilderfolge ist auch die Hüle bei Lonsingen nicht zu übersehen. Sie verweist auf eine die ganze Höhenalb kennzeichnende Last vergangener Jahrhunderte:

den Wassermangel. Die Münsinger Alb ist der angemessene Platz, daran zu erinnern, denn hier nahm auch die Wende der Not ihren Anfang. Die Ursache ist, man weiß es von der Schule her, der wasserdurchlässige Kalkboden, die Verkarstung; nur die mergel- und tonreiche Schüssel um Münsingen und Gächingen und die tuffgefüllten Trichter sind besser daran. Jahrhundertelang behalfen sich die Albbauern mit Regen- und Sickerwasser. Das gelbliche Naß mußte auf behördliche Anordnung regelmäßig mit Salz aufgefrischt werden, damit »keine roten Würmer sich bilden oder sonstiges Getier sich aufhalten« konnten und für den Hausgebrauch trotz seines Bakterienreichtums tauglich blieb. Was daneben für Reinigung und Stall nötig war, mußten die »Hülen« oder »Lachen« bereitstellen, lehmverstrichene große Gruben, in denen sich das »Kandelwasser« sammeln konnte. Eine Münsinger Mitteilung von 1825 beschrieb die Hüle als ein »stinkendes und eckelhaftes Wasser«, bemerkte aber trocken dazu, daß es das Vieh gerne saufe und trotzdem gesund bleibe. Doch wehe, wenn es brannte oder bei schneelosem Frost und in heißen Sommern Dachbrunnen und Hülen nichts mehr hergaben. Dann sahen sich die Roßbauern zu den gefürchteten »Rackerfuhren« ins Tal hinab gezwungen, an den Steigen wartete die Sorge und in den Ställen brüllte das Vieh ohne Unterlaß.
So war es seit Menschengedenken. Und so blieb es bis zum ersten Spatenstich für das große Werk der Albwasserversorgung am 10. Mai 1870. Promotor der Idee, aus den Tälern Quellwasser für zusammenhängende Gemeindegruppen auf das Albplateau hinaufzupumpen, war Karl von Ehmann (1827–1889). Als erste Gruppe erhielt der Bezirk Justingen, Hausen und Ingstetten Wasser aus dem Tal der Schmiech. Zehn Jahre später, 1881, speisten neun Pumpstationen bereits 62 Hochbehälter und versorgten über 100 Ortschaften und Weiler. Unverzüglich nahm die Zahl der Typhustoten ab, die Milchleistung der Kühe verfünffachte sich.
Die städtische Perle des Gebiets ist Urach. Unmittelbar vor den schwärzlichgrünen Waldmauern des Albrands gelegen, zieht es vier felsbekränzte, kellerkühle Täler auf sich: ein von der Ruine Hohenurach überragtes kleines Stadtgebilde mit einem Marktplatz von geradezu klassischem schwäbischem Fachwerkcharme. Amanduskirche, Stadtschloß und Maßwerkbrunnen dokumentieren den Kunstsinn einer Zeit, als Urach Residenz der Grafen von Württemberg war (1441–1482). Der seit 1723 gefeierte Uracher Schäferlauf gilt heute als das größte Volksfest der Alb, und die von einer starken Karstquelle erbaute Kalktuffterrasse des Uracher Wasserfalls ist trotz des Uracher Thermalbades eine schwäbische Attraktion geblieben. Eine geologische Attraktion blieben auch die Tuffbarrieren und Tufftreppen des Seeburger Tals, die unsere Gedanken wieder hinaufweisen zur Höhenalb, deren Vieh, Schafherden und Flachs die alte Grafschaft Urach für Talmärkte und interessante herzogliche Unternehmungen genutzt hat – nicht zuletzt in Konkurrenz zur Reichsstadt Ulm.

71 Burgruine Hohenurach
Castle ruins of Hohenurach
Ruines du Hohenurach

72 Urach, Goldener Saal
Urach – Goldenhall in the castle
La salle d'or du château de Urach

73 Urach, Rathaus mit Marktbrunnen
Urach, town-hall with market-place fountain
Hôtel de ville de Urach avec fontaine du marché

74 Seeburger Tal, Blick von der Ruine Hohenwittlingen
Seeburg valley, view from the castle ruins of Hohenwittlingen
Vallée de Seeburg – vue de la ruine du Hohenwittlingen

75 Der Uracher Wasserfall
The Urach waterfall
Cascade de Urach

76 *Metzingen, Markt bei den sieben Keltern*
Metzingen – market day around the seven wine press-houses
Metzingen – marché près des sept pressoirs

77 Das Metzinger Rathaus
Town-hall, Metzingen
L'hôtel de ville de Metzingen

78 Acker auf der Münsinger Alb
Field on the Münsingen Alb
Champ du Jura Souabe dans la région de Münsingen

79 Die Hüle in Lonsingen
The Hüle – an old water-hole in Lonsingen
Le »Hüle« – ancien fossé à Lonsingen

80 Fresko aus Gruorn im Heimatmuseum Münsingen
Fresco from Gruorn in the local museum in Münsingen
Fresque de Gruorn au Musée Régional de Münsingen

Ulmer Alb

»Sonsten blühet in der Stadt ein schöner Leinwandhandel, welcher bald nach erfolgtem Westphälischem Frieden durch eine besondere Companie zu Stand gebracht wurde und vielen Vortheil der Nahrung derselben verschaffte«, schrieb der Chronist Chr. F. Sattler 1752 über Urach. 1661 gegründet, war diese »Privilegierte Leinwandhandlungscompagnie« aus einer ehemaligen herzoglichen Faktorei hervorgegangen, deren Gründer Herzog Friedrich I. gewesen war. Friedrichs Schöpfung wurde zu einem der erfolgreichsten Unternehmen des württembergischen Merkantilismus, bedeutsam auch für die Höhenalb. Die ersten Schritte dabei waren um 1600 die Bildung einer gemeinsamen Weberzunft, die Gründung eines Uracher Weberviertels und einer Bleiche zur Verarbeitung des auf der Alb angebauten Flachses. Auf den Messen von Straßburg, Zurzach, Bozen und Genua stand das »Uracher Linnen« noch im ausgehenden 18. Jahrhundert in gutem Ruf.

Vorbild für die herzogliche Unternehmung war die große Tradition des Ulmer Leinwandhandels, der Urachs Hochalb-Nachbarschaft in ein »Gäu« der Ulmer Weberzunft verwandelt hatte und sich eines »ausbündig guten« Flachses rühmte. Im dicht mit ulmischen Webstühlen besetzten Gebiet um Merklingen kam sich die Konkurrenz am nächsten. Denn dort lag Laichingen an der alten Fernstraße Tübingen–Ulm, ein 1364 württembergisch gewordener Platz, der seit dem späten Mittelalter über viel Flachs und eine rege Hausweberei verfügte, eine Tradition, die das Städtchen in seine heutige Industrie einbringen konnte.

Die »Gäuweber« haben Ulm reich gemacht. Als Sattler die Uracher Companie lobte, arbeiteten außerhalb Ulms noch immer 1250 Webstühle in 300 ulmischen Dörfern für »des heiligen römischen stat Ulme«. Eine uralte Straßenkreuzung, ein Donauübergang, der die Alb mit dem Oberland verbindet, der Donauhandel und das Interesse der deutschen Könige und Kaiser an diesem Platz machten die Marktsiedlung zur Stadt. Viele Truppendurchzüge, die seit den staufisch-welfischen Haushändeln die Albdörfer heimsuchten, hatten ihre Ursache in Ulms besonderer Lage. Und manche Beschwernis, der die Ulmer Alb ausgesetzt war, hatte ihre Quelle im politischen Appetit, den der Reichtum Ulms in der Zeit der Städtebünde vor allem bei den Grafen von Württemberg auslöste.

Ulms wirtschaftliche Blütezeit begründete die Leineweberei. Ihr trat zu Beginn des 13. Jahrhunderts die Woll- und Lodenweberei zur Seite. Der Ruf dieser Wollstoffe bereitete dann einer 250jährigen Monopolstellung der Ulmer Barchentweberei den Weg, die im 14. und 15. Jahrhundert den Ausbau einer stark befestigten Stadt ermöglichte, Ulms Führungsrang unter den schwäbischen Reichsstädten und im Schwäbischen Bund begründete und mit dem Münsterbau auch eine ausfuhrfreudige Ulmer Kunst ermutigte, der viele Kirchen der Alb und des Landes ihre spätgotischen Schnitzfiguren und Flügelaltäre verdanken. Das Ulmer Münster, das Rathaus, die Reste der in napoleonischer Zeit geschleiften Stadtmauern, das Schwörhaus, das Ulmer Museum, in dessen vorgeschichtlichem Museum auch wichtige Funde aus den Höhlen des Lonetales verwahrt sind, Stadtfeste wie der jährliche Schwörtag, das Fischerstechen und »Nabade« sind die hervorstechenden Merkmale in Stadtbild und Jahresablauf, in denen sich Ulms alte Mittlerfunktion zwischen Albhochfläche und Oberland fortgeschrieben hat.

Die heutige Brückenfunktion der Stadt zwischen der Region Ostwürttemberg, der Geislinger Alb und dem Donau-Iller-Kreis begründete die Eisenbahn, die zwischen 1850 und 1875 Ulm zum Verkehrsknotenpunkt von sieben Linien machte. Vor allem für die Entwicklung der Industrieachse Kocher–Brenz mit den Schwerpunkten Wasseralfingen, Aalen, Oberkochen, Heidenheim und Giengen wurde die Bahnverbindung nach Ulm wichtig, der Filstalindustrie gab sie durch die Geislinger Steige entscheidenden Auftrieb. Wenn im Ulmer Wirtschaftsbild die Fahrzeugindustrie eine so bedeutsame Rolle gewonnen hat, so drückt sich auch darin die Brükkenfunktion der Donaustadt aus.

Nicht nur mit ihrem Flachs, auch mit ihrem Wasser und Gestein entrichtete die benachbarte Alb Tribute an Ulm. Alt-Ulm entwickelte sich an den Armen der Blau, die hier in die Donau mündet. Quelltopf der Blau ist der Blautopf in Blaubeuren, eine der intimen Naturperlen der Schwäbischen Alb. Mörike hat sie mit der Sage von der schönen Lau verklärt, und die Kulturgeschichte hat sie mit einem der bedeutendsten Kunstziele Süddeutschlands ausgezeichnet: dem größten Altarwerk ulmischer Kunst im ehemaligen Kloster Blaubeuren.

Der Blautopf sammelt das Wasser der Blaubeurer Alb in einer Ausdehnung von 180 qkm; auch die Laichinger Tiefenhöhle, eine bis zu 72 m Tiefe erschlossene Sickerwasser-Schachthöhle, gibt ihr Karstwasser an den Blautopf ab. Die Blau, die bei Blaubeuren die von Schelklingen her kommende Ach aufnimmt, setzt ihren Weg nach Ulm in einem Stück des älteren Donautals fort, das der Fluß unter den Auswirkungen der Eiszeit verlassen hat. Auch in diesem Teil der Alb haben Altsteinzeitjäger in Wohnhöhlen und Felsüberhängen ihre Spuren hinterlassen, die Sirgensteinhöhle und der Hohlefels bei Schelklingen zählen dazu. Und ebenso ragen auch hier die wunderlichsten Felsgebilde einzelhaft und phantasiebelebend aus den Laubwäldern der Talhänge. Die Romantik des Kiesentals bei Blaustein sei nicht vergessen; seine bizarren Felsbildungen und seine Verengung zu einer schmalen Schlucht lassen beinahe übersehen, daß es ein Geschöpf der Verkarstung, ein Trockental ist.

Aber den Haupteindruck machen doch die mächtigen Steinbrüche aus, die mit gewaltigen Wänden und tiefen Buchten die Straße säumen. Die Zementindustrie hat hier einen ihrer Hauptstützpunkte, und den Anfang dazu machte – Ulm. Als 1840 der Ausbau Ulms zu einer Bundesfestung begonnen wurde, entwickelten sich fast über Nacht bedeutende Stein- und Zementwerke, die auch beim Bau der Hafenanlagen von Lindau und Romanshorn, an schweizerischen und süddeutschen Bahnbauten beteiligt waren. Als »Ulmer Zement« und »Portland-Zement« schrieben die Steine der Blaubeurer und der Ulmer Alb mit am Buch des damals beginnenden »Zementzeitalters«.

81 Ulm, Rathaus mit Blick auf das Münster
Ulm – town-hall with view of the Münster
L'hôtel de ville d'Ulm avec la cathédrale

82 Ulm, Fischerboote auf der Blau
Ulm – fishing boats on the Blau
Barques de pêcheurs sur la Blau, à Ulm

83 Ulm, Blick aus der Fischergasse
Ulm – view from the Fischergasse
La »Fischergasse« à Ulm

Friedrich Hailbronner
1873-1903
„Zur Forelle“

84 Schloß Erbach
Erbach Castle above the River Danube
Le château Erbach dominant le Danube

85 Der Blautopf in Blaubeuren
The Blautopf in Blaubeuren
Le »Blautopf« de Blaubeuren

86 Blaubeuren, ehemaliges Kloster
Blaubeuren – the previous monastery
L'ancien monastère de Blaubeuren

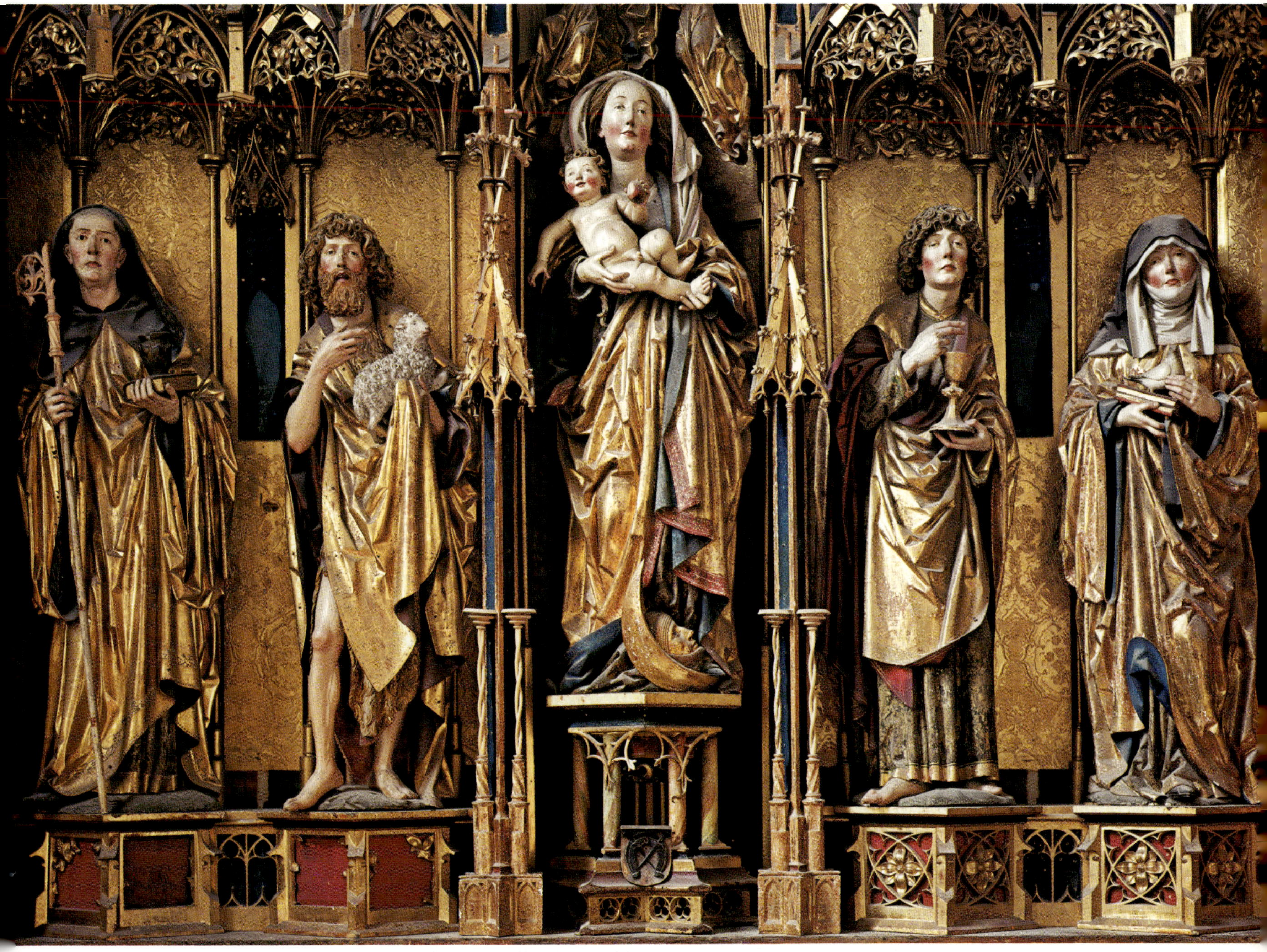

87 Der Blaubeurer Altar
The Altar of Blaubeuren
L'autel de Blaubeuren

88 Langenau, ein altes Webereizentrum der Ulmer Alb
Langenau – an old weaving-mill centre of the Ulm Alb
Langenau – un ancien centre de tissage dans le Jura Souabe de la région de Ulm

Reutlinger Alb

Die Schwäbische Alb scheut den Superlativ, bei allem Reichtum an attraktiven Zielen ist das gediegene Maß ihr Vorzug. Auf den Höhen über dem Honauer Tal, das die Echaz in den Steilrand geschnitten hat, wird es freilich schwierig, ihn zu vermeiden. Wie vergessenes Ritterspielzeug ragt das auf einen Felsklotz gesetzte Schloß Lichtenstein aus den Laubwäldern. Man weiß Reutlingen mit der Achalm und den großgestaltigen Neckaraspekt Tübingens in greifbarer Nähe und mit ihnen Uhlands Balladen und Hölderlins Tragödie. Und hinter der Grenzzone der Landschaftsformen, von der man ins Tal blickt, verbirgt die Kuppenalb Schauhöhlen in ihrem Schoß, die die Reutlinger Alb im 19. und 20. Jahrhundert zum meistbesuchten Stück der mittleren Alb gemacht haben: die Nebelhöhle beim Schloß Lichtenstein und die Bärenhöhle bei Erpfingen. »Märchenhafte Tropfsteingebilde, versinterte Bärenknochenfelder« schwärmt mit verstecktem Stolz die Routenkarte der Schwäbischen Albstraße von der letzteren und jüngeren; doch auch ihrer älteren, von ihr aus der Publikumsgunst etwas verdrängten Schwester ist seit 150 Jahren wahrlich die Rühmung nicht versagt geblieben.

Es stimmt heute wie gestern: Die Freunde der Schwäbischen Alb kultivieren ein ausgeprägtes »Höhlenbewußtsein«. Ein Superlativ unter den deutschen Mittelgebirgen ist die Ursache: Mehr als 200 Höhlen der Alb sind bekannt, etliche vortrefflich erschlossen und allesamt als Naturdenkmale geschützt. Jede Höhlenform hat ihr eigenes Gesicht: die Wasserhöhle vom Typ der bei uns singulären Wimsener Höhle, die Trockenhöhle von der Art der Falkensteinhöhle sowie die Trockenhöhle mit Tropfsteinen, die am populärsten gewordene Form der Albhöhlen. An mancher wacht die Schauermär wie am Mordloch bei Neidlingen. Einige haben den Ruf besonderer Gefährlichkeit, wie die noch nicht ausgebaute Falkensteiner Höhle bei Urach. Etliche werden gerühmt als zauberhafte Kluft- und Flußwasserhöhlen, wie die Schertelshöhle bei Westerheim. Und viele sind ausgezeichnet als Fundstätten von Zeichen vorgeschichtlichen Lebens; die Gutenberger Höhle, die Lonetalhöhlen, die Irpfelhöhle bei Giengen, die Heidenschmiede am Felssockel der Burg Hellenstein in Heidenheim und die Höhlen des Laucherttals sind hier zu nennen. Auch der Literatur verdanken die Albhöhlen ein Gutteil ihrer Popularität. Im Gebiet der Falkensteiner Höhle und der Nebelhöhle läßt David Friedrich Weinland seinen »Rulaman« abenteuern; die 1876 erschienene Phantasieerzählung ist ein bis heute lebendig gebliebenes Jugendbuch. Wilhelm Hauffs Roman »Lichtenstein«, eine romantische Sage aus der württembergischen Geschichte (1826), erblickt in der alten Nebelhöhle einen Fluchtplatz des vom Schwäbischen Bund gejagten Herzogs Ulrich. Und schließlich hat auch die sachbezogene Naturschilderung wie Gustav Schwabs grundlegendes Wanderbuch »Die Neckarseite der Schwäbischen Alb« (1823) ihre Verdienste.

Wo Höhlen Geheimnisse bergen und Ruinen die Vergänglichkeit ins Bewußtsein prägen, haben die Romantik und ihr »Vaterlandsgefühl« ein geliebtes Feld. Württembergs erster König Friedrich nützte sie schon als Kurfürst zu Besuchen von Nebelhöhle und Lichtenstein. Sein Erscheinen begründete, zwanzig Jahre später von Hauffs Roman sekundiert, das »Nebelhöhlefest«. Das Fest hatte seine hohe Zeit, als in den dreißiger Jahren und in der unruhevollen Aufbruchstimmung der Achtundvierziger-Bewegung nationale und demokratische Ideale die Freude am tagespolitischen Engagement weckten; das Tübingen Ludwig Uhlands und das Reutlingen Friedrich Lists lagen ja in unmittelbarer Nähe. Das kaiserliche Einheitsreich führte die Tradition weiter. Und als die Bahn das Honauer Tal erschloß, kamen am Pfingstmontag bis zu 20 000 Menschen in den Bu-

chenwäldern zusammen. Das Fest besteht noch heute: ein Volks- und Wanderfest für Höhenalb und Albvorland gleichermaßen.
»Die Höhlen der Schwäbischen Alb sind sogenannte sekundäre Höhlen. Sie sind nicht, wie die primären Höhlen, gleichzeitig mit dem sie umgebenden Gestein, sondern erst später durch Umwelteinflüsse wie Korrosion, Erosion, Einstürze usw. entstanden. Auf der Schwäbischen Alb treffen wir vorwiegend Karsthöhlen an. Die im durch Risse und Klüfte eindringenden Sickerwasser enthaltene Kohlensäure löst Kalk auf. Diese Sickerwässer treffen auch auf andere unterirdische Wasserläufe und schwemmen ganze Höhlenkanäle aus. Durch die mechanische und chemische Einwirkung des Wassers, aber auch durch die Einstürze bilden sich die mannigfachsten Höhlenformen wie schlauchartige Gänge, eingeschnittene Gräben, Kamine, hallenartige Gewölbe, ganze Höhlensysteme. Die im Wasser gelösten Kalke werden oft als Kalktuff, Tropfstein und Sinter ausgeschieden. Die sich an der Decke nach unten bildenden, meist spitzen Tropfsteine, werden Stalaktiten, die vom Boden nach oben ›wachsenden‹ Säulen Stalagmiten genannt« (Gerhard Ballenberger). Knapper läßt sich das Wesentliche kaum sagen.
In der Umgebung von Nebelhöhle und Bärenhöhle zeigt die Höhenalb ein besonders ausgeprägtes Kuppenrelief. Die festen Kerne dieser Kuppen bilden alte Riffbauten von Kieselschwämmen und Kalkalgen des Mittleren Weißjura. Erosion hat sie freigelegt und gleichzeitig modelliert, Schuttschichten böschten ihre unteren Hänge. So bildete sich ein Hügelland, das sich durch die Vielfalt seiner Formen und abwechslungsreiche Wanderwege auszeichnet. Der breitgelagerte Sternberg (844 m) über der obersten Lauter, der Gönninger Roßberg (869 m) mit einem Wanderheim des Albvereins, die Waldkuppe des Bolbergs (881 m) und der Kornbühl (886 m) mit der Salmendinger Kapelle sind vier Marken dieser Kuppenalb, die zur Donau hin entwässert und etwa in der Mitte zwischen Albtrauf und Donau von der Klifflinie des miozänen Meeres durchzogen wird. Das Bild vom Kornbühl, einer typischen Schwammkuppe, macht deutlich, daß die Landwirtschaft auch mit der Kuppenalb ihre spezifische Mühe hat. Um die Abschwemmung des Ackerbodens zu verhindern, folgt die Bewirtschaftung seit eh und je den Höhenlinien des Reliefs und schützt oft die Krume durch gepflanzte Hecken. Die anmutigen Rhythmen, die sich daraus ergeben, und die Großzügigkeit der bewaldeten Bergformen, die im Sternbergbereich von weiten Wacholderheiden begleitet werden, machen verständlich, warum gerade der Kuppenalb soviel heimliche Liebe gewiß ist.

89 Die Achalm mit Pfullingen
The Achalm with Pfullingen
L'Achalm et Pfullingen

90/91 Reutlingen mit der Achalm
Reutlingen with Achalm
Reutlingen et l'Achalm

92 Albrand bei Reutlingen
Alb edge near Reutlingen
Les contreforts du Jura Souabe près de Reutlingen

93 Nebelhöhle
Nebelhöhle – one of the most famous caves of the Alb
La Nebelhöhle est l'une des grottes du Jura Souabe qui sont ouvertes au visiteurs

94/95 Schloß Lichtenstein
The romantic castle of Lichtenstein
Le romantique château du Lichtenstein

96 In der Bärenhöhle
The much-frequented cave – Bärenhöhle
La Bärenhöhle attirant de nombreux visiteurs

97 *Feriendorf Sonnenmatte-Erpfingen*
Holiday village Sonnenmatte-Erpfingen
Le village de vacances de Sonnenmatte-Erpfingen

98/99 *Alblandschaft am Sternberg*
Alb landscape on the Sternberg
Paysage du Jura Souabe au Sternberg

100 Der Roßberg im Winter
The Rossberg in winter
Le Rossberg en hiver

101 Der Kornbühl mit der Salmendinger Kapelle
The Kornbühl with the Salmendinger chapel
Le Kornbühl avec la chapelle de Salmendingen

102 Trochtelfingen
Trochtelfingen – small residence town in the Lauchert valley
Trochtelfingen, petite résidence dans la vallée de la Lauchert

103 Veringendorf – Muttergottes in der Pfarrkirche Veringendorf – Virgin Mary in the parish church Vierge de l'église de Veringendorf

104 Tübingen, Rathaus
Tübingen – historical town-hall
Le romantique hôtel de ville de Tübingen

Großes Lautertal

Eine Herde von Mutterstuten und Fohlen im Trab, mit einem hohen Himmel über der Koppel und erahnbaren Weiten unter dem Huf, wem schlüge das Herz nicht höher! Das Bild entstand auf der Münsinger Alb, es kennzeichnet den Alltag des württembergischen Haupt- und Landgestüts Marbach im obersten Abschnitt des Lautertals. Die Aufnahmen, die ihm flußabwärts zur Donau hin folgen, fügen ihm den zugleich herben und intimen Aspekt begrenzter Talausschnitte hinzu, wie sie für den windungsreichen Lauf der Großen Lauter charakteristisch sind. Da ist die Nische von Buttenhausen mit dem jüdischen Friedhof am Hang, einem stellvertretenden Mahnmal für manchen Ort der Schwäbischen Alb mit alter Judenansiedlung. Bichishausen zeigt seine Wacholderheide her, Hohengundelfingen seine Felsgruppe auf dem Umlaufberg, Anhausen die Ruine der Schülzburg, die ihre berühmt gewordene gotische »Johannesminne« an das Cleveland-Museum verlor – ein Tal der Ruinen, der Felsen, der Wälder und der Wacholderheiden. Und bevor die Bilderfolge Zwiefalten im Tal der Zwiefalter Ach erreicht, sieht man Burg Derneck auf ihrem Lautertalsporn, breit hingelagert und mit ihrer Schildmauer das Wanderheim des Schwäbischen Albvereins schützend. Die »Johannesminne« von Heiligkreuztal, ein gotisches Andachtsbild mit Christus und dem an seine Brust gelehnten Lieblingsjünger Johannes, beschließt die Wanderstrecke.

In Marbach besitzt die Münsinger Alb ihren populärsten Namen. Seitdem das Reiten zum Volkssport geworden ist, ist das Haupt- und Landgestüt zum Fremdenverkehrsmagneten geworden, der jährlich eine halbe Million Besucher anzieht. Den Pferden Marbachs begegnet man weitum, denn um diesen seit 1553 bestehenden Gestütshof gruppieren sich die Gestütshöfe Offenhausen im Lautertal, St. Johann und Schafhausberg auf der Albhochfläche und Güterstein im Tal bei Urach. Hügeliges Weideland, Buchenwälder und Bilder von galoppierenden Pferdegruppen zeichnet jeden dieser Plätze aus, das macht sie zum reizvollen Besuchsgelände. Doch der Name Marbach steht für Wesentlicheres: für die Zucht des neuen württembergischen Pferdes.

Die Technisierung der Landwirtschaft hat dem altwürttembergischen Warmblutpferd den angestammten Platz in der Landwirtschaft – auch im Arbeitsbild der Schwäbischen Alb – genommen. Sie zwang zur Umzüchtung auf ein eleganteres Reit- und Sportpferd. In kaum zwei Jahrzehnten bewältigte Marbach die Aufgabe, indem es den »Württemberger« auf der einheimischen Stutengrundlage mit Trakehnerhengsten umzüchtete und dem »Marbacher Pferd« im Wettbewerb mit anderen deutschen Zuchtgebieten zu Ansehen verhalf.

Marbachs zweite Bedeutung liegt in seiner zentralen Funktion: es trägt die Verantwortung für die rund 45 Beschälplatten in Baden-Württemberg und damit für Niveau und Fortschritt der Pferdezucht. Marbachs Stolz sind darum seine rund 100 Hengste, die es in jedem Frühjahr ins Land schicken kann. Ein Marbacher Spezifikum sind die Vollblutaraber. »Marbach ist heute das Mekka der deutschen Araberzüchter, aber auch der Welt«, schreibt stolz der um Marbach hochverdiente Landoberstallmeister Georg Wenzler. Die Ahnen der Marbacher Araber gehen in den Stutenlinien zurück auf das 1817 gegründete ehemalige königliche Privatgestüt Weil bei Esslingen. Obwohl der Blutstrom nach dem Zweiten Weltkrieg zum Versiegen verurteilt schien, gelang es seit 1956, ihn mit dem legendär gewordenen ägyptischen Hengst Hadban Enzahi neu aufzubauen.

Ihren landschaftlichen Glanzpunkt besitzt die Große Lauter in ihrem untersten Teil in einer Klamm mit felsbewehrten Talwänden, die ein geschütztes Naturdenkmal darstellt. Die südliche Nachbarin der Lauter, die Zwiefalter Ach, hat ihre Attraktion in der Wimsener

Klamm mit der Friedrichshöhle oder »Wimsener Höhle«, einer Wasserhöhle singulärer Art. Wenn die galoppierenden Pferdeherden des oberen Lautertales verschüttete kreatürliche Träume von unbegrenzter Freiheit aufzuwecken vermögen, dann ist eine Kahnfahrt in die Wimsener Höhle hinein wie die beklemmende Begegnung mit dem lebendigen Leib der Alb: mit dem Leben ihrer unterirdischen Karstwassernetze, das sich aus Spalten, Klüften und Speichergestein ernährt. Die Zwiefalter Ach zapft dieses Karstwassernetz auch im Glastal, unterhalb der zerklüfteten Felsenwand des Lämmersteins, an. Die Schmiech, die nördlich der Großen Lauter sich zur Donau hindurchsucht, leitet ebenfalls einen großen Teil der Wässer der Münsinger Alb ab, auf landschaftliche Sensationen legt sie jedoch keinen Wert. Ihre Anmut, die die Lutherischen Berge zur Rechten und die Blaubeurer Alb und das Hochgesträß zur Linken zu Begleitern hat, zählt zu den unentdeckten Vorzügen der Alb östlich der Klifflinie.

Schmiech, Lauter und Ach – für den Kunstfreund führen ihre Namen zu Zielen von großem Klang: Ehingen, Obermarchtal, Zwiefalten. Ehingen, bis zu Napoleons Zeiten heimliche Hauptstadt Österreichisch-Oberschwabens, besitzt seine besuchspflichtige Besonderheit in der Konviktskirche (1712/19), einem der ersten frühbarocken Zentralbauten in Süddeutschland. Zwiefaltener Mönche haben sie gegründet. In Obermarchtal, einem bereits 776 genannten Klosterplatz, war der erste bedeutende schwäbische Mundartdichter, der Barockpoet Sebastian Sailer, zu Hause, und mit ihrer Klosterkirche (1686/92) setzten die Prämonstratenser ein für die schwäbische Barockentwicklung richtungweisendes Modell an den Fuß der Albtafel: die vorarlbergische Wandpfeilerhalle. Ihr Typus wurde zwar während des schwäbischen Barockjahrhunderts stark abgewandelt, aber er ist selbst noch aus den zwei Höchstleistungen des schwäbischen Barock, der Zwiefaltener Klosterkirche (1739/65) Johann Michael Fischers und der Neresheimer Klosterkirche (1745/92) Balthasar Neumanns, abzulesen. Wonach dabei die Idealgrundrisse strebten, zeigt zum ersten Mal die »wahrhaft grandiose Raumfolge voll malerischen Lebens« in Zwiefalten: das Ziel, die vorarlbergische Längsraumtradition im Vierungsbereich mit Zentralraumwirkungen zu durchdringen.

Es ist ein besonderer Glücksfall, daß sich am Ostrand der Albtafel auch die zwei letzten großen Leistungen dieser Barockzeit erhalten haben: die Klosterkirchen in Wiblingen (1772/81) und Oberelchingen (1782/85), beide mit großartigen Fresken des Januarius Zick. So ist Zwiefalten der rechte Ort, sich daran zu erinnern, daß es die Barockbautätigkeit der Klöster war, die der Schwäbischen Alb auch auf der Kunstkarte nicht nur des Landes, sondern Europas einen geachteten Platz verschafft hat.

*105 Marbach,
auf der Koppel
Marbach –
on the paddock
Marbach et ses
pâturages*

106 Buttenhausen, alter jüdischer Friedhof
Buttenhausen – old jewish grave-yard
Ancien cimetière juif de Buttenhausen

107 Die Feste Hohenhundersingen
The fortress Hohenhundersingen
La place-forte de Hohenhundersingen

108 Hohengundelfingen
Ruins of the Hohengundelfingen Castle
La ruine du château-fort de Hohengundelfingen

109 Bichishausen im Lautertal
Bichishausen in the Lauter valley
Bichishausen dans la vallée de la Lauter

110 Die Schülzburg über Anhausen/ Stadt Hayingen
Anhausen – the old Schülzburg
Le vieux château-fort Schülz de Anhausen

111 Indelhausen/ Stadt Hayingen, Rathaus
Indelhausen – town-hall with beautiful framework
L'hôtel de ville de Indelhausen avec ses colombages

112 Burg Derneck
Derneck Castle
in the Lauter valley
Le château-fort
Derneck dans la
vallée de la Lauter

113 Zwiefalten,
Klosterkirche
Zwiefalten – mona-
stery church
L'église du couvent
de Zwiefalten

114/115 Zwiefalten, ehemaliges Benediktinerkloster
Zwiefalten – total view of the previous Benedictine monastery
L'ancien couvent de bénédictins de Zwiefalten

116 Heiligkreuztal, Christus-Johannes-Gruppe
Heiligkreuztal – gothic Christ-John-group
Jésus-Christ et Saint-Jean – groupe gothique à Heiligkreuztal

Zollernalb

Sooft man ihn sich auch gönnen mag, der Anblick des Hohenzollern bei der Anfahrt von Tübingen her beeindruckt stets aufs neue. Herrscherlich erhebt sich der 851 m hohe wohlgestaltige Berg mit der gezackten Burgkrone über dem Albvorland, in das die Hechingen entgegenfließende Starzel sich eingekerbt hat, einen langgestreckten Braunjura-Rücken stehen lassend. 300 bis 400 m über dem Tal bewegt sich die Trauflinie vom Dreifürstenstein südwärts dem vermeintlichen Kegel zu, ein vornehmlich von Westen her eindrucksvolles Panorama, wenn das breit gelagerte Hechingen mit dem hochragenden Turm der klassizistischen Stiftskirche und dem Renaissance-Ausstattungskleinod St. Lutzen den Mittelgrund bilden.

Braunjuraschichten haben um den Zollerberg eine breite Vorzone für den Steilanstieg gebildet, Waldhänge scheinen ihn zu hinterfangen. Erst bei der Auffahrt bemerkt man, daß der »Kegel« einen ostwärtigen Sattel zum Zellerhorn hin hat und daß hier die Traufseite der Alb eine Schichtenstörung erlitt, die auch das Entstehen der Kegelform mitbestimmt hat. Die Störung bestand in einem tektonischen Einbruch: dem »Hohenzollerngraben«.

Jahrmillionen haben diesen Graben mit umgekehrtem Profil herausgewittert, so daß er sich heute als ein von Sigmaringen über Bitz, Zellerhorn und Zollerberg bis gegen Haigerloch verlaufender Höhenzug zeigt. Seitliche Erosion hat dabei aus dem Höhenkamm den Zollerberg herausmodelliert. Der vermeintliche Kegel erweist sich daher als Zacken eines Berggrats, als Weißjura-Zeugenberg. Den Hohenzollerngraben überwacht die Erdbebenwarte von Meßstetten. Denn wenngleich die Alb auch keine vulkanischen Beben mehr kennt, so beweisen doch ihre tektonischen Beben, daß in ihrem Innern die Kräfte der Verschiebung, Verkeilung und Reibung noch nicht zur Ruhe gekommen sind.

Panoramen so großer, Durchgangszonen so offener Art wecken die geschichtliche Erinnerung. An die Daten des 8. Jahrhunderts, mit denen das Gebiet durch Schenkungen an die Reichsklöster Lorsch und St. Gallen in die Geschichte eintrat. An die deutsche Weltchronik der Insel Reichenau, die von 1061 an die ersten, vorwiegend zwischen Südwestalb und Bodensee begüterten Zollern verzeichnet. An die harten Sträuße, die die Grafen von Hohenzollern beim Erwerb eines Territoriums in Kauf nahmen und deren erbittertster 1423 das »vesteste hauß in teutschen Landen« auf dem Zollerberg zerstörte. An den hundertjährigen »Untertanenstreit«, der nach dem Dreißigjährigen Krieg die seit 1623 fürstliche Residenzstadt Hechingen und ihr Umland mit Revolten und Armut plagte. Und schließlich an den Bau der dritten, der heutigen Burg auf dem Hohenzollern, zu der König Friedrich Wilhelm IV. von Preußen 1844 den Anstoß gab, um auf der Stammburg des Geschlechts die Traditionen der katholischen süddeutschen Linien und der seit der Reformation eigene Wege gehenden fränkischen bzw. später brandenburgischen Linien zu vereinigen. Im historisierenden gotischen Stil errichtet, wurde eine hochfahrende, von monumentalem Ernst beherrschte Anlage daraus, die meistbesuchte der Alb. Die Auflösung Preußens und die Verlegung der Särge Friedrich Wilhelms I. von Preußen und des »Alten Fritz« auf die Burg haben den Hohenzollern zu einem Denkmal der deutschen Gesamtgeschichte gemacht, – zum Mausoleum wider Willen, das sich den Maßstäben einer nur touristischen Attraktion entzieht.

Südlich des Zollerberges beginnen die Albhöhen sich der Tausendergrenze zu nähern. 956 m hoch liegt das Nägele-Haus des Schwäbischen Albvereins auf dem Raichberg, 963 m ragt der Lochenstein hoch, dicht neben ihm kommt der Schafberg auf 996 m, westlich davon der Plettenberg auf 1005 Meter. Zwischen ihnen hat die

Eyach eine Landschaftsfurche gebildet, deren oberster Bogen bei Lautlingen-Margrethausen den Heersberg (954 m) vom gleichhohen Kogelbergle trennt und zugleich den Block von Heersberg, Böllat und Schalksburg vom Gebirge sondert. Hier beginnt die für die Südwestalb charakteristische Auflösung in gesonderte Bergmassive, die ihr ein so großzügig bewegtes Profil geben und die Landschaftseindrücke nach Süden zu stark verändern. Was nicht minder auffällt, ist die Beobachtung, daß diese gesonderten Bergmassive mit ihren Tallandschaften zu individuell geprägten Lebensräumen geworden sind. Ihr nächstliegendes Beispiel ist das Oval Onstmettingen – Tailfingen – Ebingen – Balingen – Bisingen, in dem Tailfingen und Ebingen zur »Albstadt« zusammengewachsen sind.

Es ist das Verdienst der Industrie, diese Erschließung bewirkt zu haben. Burladingen als zentraler Ort des Killer- und Vehlatals und der Hochfläche der Zollernalb ist das bekannteste Beispiel solcher Verwandlung. Die »Armuthei« unzureichender landwirtschaftlicher Hochtalbedingungen zwang dort bis zur Mitte des 19. Jahrhunderts zu Auswanderungswellen, erst die Strick- und Wirkwarenindustrie hat die Lebensgrundlagen verändert. Für Onstmettingen im Hochtalkessel der Schmiecha gilt Ähnliches. Hier war es der Pfarrer und erfinderische Mechaniker Philipp Matthäus Hahn (1739/90), der die Notwende vorbereitete, indem er den Ort zur winterlichen Herstellung von Waagen und Uhren anhielt. Er legte damit den Grund für die feinmechanische Industrie von Ebingen, der mit 720 bis 750 m höchstgelegenen Stadt der Alb. Und ebenso für die Waagenindustrie der Textil- und Schuhherstellerstadt Balingen im Albvorland, die im Heimatmuseum ihres Zollernschlosses auch die Erinnerung an diesen von Ebingen herübergesiedelten Industriezweig wachhält. Wenn heute das fast 1000 m hoch liegende Meßstetten am Westrand des Heubergs eine Industriegemeinde ist, wenn Tailfingen aus seiner alten Leineweberei und Strumpfwirkerei eine große Trikotindustrie entwickelt hat und die Südwestalb mit ihren zahlreichen Wirkereien die Trikotagenindustrie Westdeutschlands repräsentiert, dann stellt dies eine Erschließungsleistung dar, an der auch ein Naturromantiker nicht vorbeigehen darf. So muß, wer die Zollern- und Südwestalb in ihrer Lebenswirklichkeit und ihrem Wesen erkennen will, wohl die zwei Luftbilder über die Albstadt hinweg nach Hechingen hin und über die Rücken von Schafberg, Lochen und Hörnle hinweg in Richtung Ebingen zusammensehen, wenn er verstehen will, warum der dortige Menschenschlag Fleiß, Widerstandskraft und Heimatliebe als die Grundzüge älblerischen Wesens zu schätzen gewohnt ist.

117 Burg Hohenzollern im Rauhreif
Hohenzollern Castle in hoar-frost
Le château-fort du Hohenzollern par temps de givre

118/119 Hohenzollern, Luftbild
Hohenzollern from the air
Le Hohenzollern vu d'avion

120 Burgfelden, romanisches Fresko
Burgfelden – Roman fresco
Fresque romane à Burgfelden

121 Burgfelden, Kirche St. Michael
Burgfelden – view of the church of St. Michael
L'église St. Michel à Burgfelden

122 Felsen bei der Schalksburg
Rock near the Schalksburg
Paroi rocheuse près du Schalksburg

123 Balingen, Zollernschlößle
Balingen – small Zollern castle with local museum
Petit château du Zollern à Balingen; avec musée régional

124 Albstadt, Luftbild
Albstadt – a town composed of various communities – view from the air
La nouvelle ville d'Albstadt vue d'avion

125 Flug über den Lochenstein
Flight over the Lochenstein
Vol au-dessus du Lochenstein

126 Blumen der Schwäbischen Alb
Flowers of the Swabian Alb
Fleurs du Jura Souabe

127 Silberdistel
Carline thistle – distinctive sign of the Swabian Alb
Le chardon argenté est le symbole du Jura Souabe

Heuberg und Donautal

100 km lang, kaum irgendwo breiter als 15 km und mit lebhaft gezackten Grenzen schoben sich bis zum Ende des Zweiten Weltkriegs die »Hohenzollernschen Lande« zwischen die Länder Württemberg und Baden. Der preußische Regierungsbezirk, ein Kind des 19. Jahrhunderts, besaß seinen politischen und kulturellen Mittelpunkt in Sigmaringen. Schon im 11. Jahrhundert hatte sich auf dem Sigmaringer Felsrücken, der den Donaubogen abriegelt, eine Burg postiert. Während der Reformationszeit kam der ausgezeichnete Kontrollplatz an die Hohenzollern-Sigmaringen, die Barockzeit und das späte 19. Jahrhundert gaben ihrem Felsenschloß den imposanten Aspekt von heute.
Lage und landstädtischer Reiz haben die kleine Donaustadt zum vielbesuchten Ziel gemacht. Die fürstlichen Sammlungen im Schloß haben Rang. Zusammen mit der Fürstenbergischen Kunstsammlung in Donaueschingen und der Sammlung auf Schloß Hohenzollern vertritt die fürstliche Kunstsammlung von Sigmaringen eine Kunstprovinz, die vornehmlich während der spätgotischen Periode für die Landkirchen zwischen Zollernalb und Bodensee fruchtbar gewesen ist.
Sigmaringens ungleich populärere Anziehungskraft geht freilich vom Albdurchbruch der oberen Donau aus. Das Durchbruchstal, das dem Fluß den Übergang vom Schwarzwald-Albbereich zum oberschwäbischen Moränenland ermöglicht, gehört zu den schönsten Naturdenkmälern in deutschen Landen. Da sich in diesem Tal das Benediktinerkloster Beuron als religiöses Zentrum eingerichtet und die Forschungsarbeit der heutigen Erzabtei internationalen Ruf erworben hat, verdichten sich an dieser kurzen und windungsreichen Wegstrecke der jungen Donau Natur- und Kultureindrücke in besonderer Weise.
Das Donautal verdankt seine Breite, Tiefe und pittoresken Felsszenerien keineswegs nur der Durchbruchskraft der heute meist wasserarmen, durch die Versickerungsstellen ihres Oberlaufs aufs stärkste geschwächten neuzeitlichen Donau. Es verdankt sie vor allem der mittleren Tertiärzeit, als die Alpen zum Gebirge emporgepreßt wurden und die Urdonau (Aaredonau) zu ihrer Hauptentwässerungsrinne nach Osten machten. Da damals die Hebung der Alb noch in ihren Anfängen war, bahnte sich der starke Strom den Weg durch ihre Schichten in gleichem Maße, wie der Albkörper als Ganzes sich hob und schrägte. Der Talboden dieses Urstroms ist zwischen dem Honberg in Tuttlingen, einem Umlaufberg, und dem Schloßfelsen von Sigmaringen noch vielerorts zu erkennen; bei Schloß Bronnen liegt er als Terrasse 90 m hoch über dem heutigen Fluß, und bei Tiergarten gehört das Hochtal nördlich des Falkensteins zu seinen aufschlußreichsten Resten. Als dann das Rheinsystem sich ausbildete, der Donau das Aare-Wasser abgrub und auch der Neckar das Seine dazu tat, die Donau zu schwächen, da mußte der langsam gewordene Fluß sich mit kleineren und engeren Windungen begnügen. Eiszeit,

128 Am Weg zur Schalksburg
On the way to the Schalksburg
Vers le Schalksburg

Gletscherschmelzwasser, Schuttmassen, innere Auslaugung des Schichtengebäudes der Alb und Verkarstung, dazu seltsame Karstadern, die das Albwasser sogar unter der Donau hinweg dem Rhein zuführen – vieles wirkte zusammen, um die herrliche Szenerie des Donaudurchbruchs zu schaffen. Felstürme, Zacken und Felswände von unterschiedlichster Form, Festigkeit und Farbigkeit geben diesem tiefen Einschnitt das Gepräge. Es sind Algen-, Schwamm- und Korallengebilde der Massenkalke, die hier zutage liegen. Burgen haben diese Bastionen besetzt: Bronnen, Werenwag, Wildenstein, Gutenstein und Falkenstein sind ihre volkstümlichsten Namen.

Neben so vielen Donau-Attraktionen hat es die Albhochfläche des Großen Heubergs und die Hart nicht leicht. Zwischen der vom Faulenbach ausgeräumten Spaichinger Klinge und dem Tal der Schmeie begleitet sie die Windungen der Donau mit den großzügigen Formen eines windoffenen Hochlands. Ob man dem Heuberg und der Hart auch noch das Gebiet des Lauchertals zurechnen will, stehe dahin. Da das Flüßchen bei Sigmaringendorf in die Donau mündet, seine altsteinzeitlichen Wohnhöhlen und sein erstaunlicher Reichtum an alter Kunst mal in diesem, mal in jenem Zusammenhang Erwähnung finden und sich dortzulande hohenzollerische, württembergische und badische Traditionen munter mischen, halten sich auch die Zuweisungen ungern an fixe Grenzen. Kunstfreunde und Liebhaber von »Oasen der Ruhe«, wie sie die Landschaftsschutzgebiete an der Bära, bei Irndorf und der gesamte Lauchertlauf darstellen, mag dies wenig kümmern.

Doch für den Freund großartiger Panoramen hat die Südwestalb die eindrucksvolleren Bilder auf ihren Nordrand konzentriert. Ihre große Fuge mit dem Leitmotiv der ausgeprägten Bergmassive hat dort die stärksten Sätze. Dem Lochenstein, Schafberg und Plettenberg folgt der Wandbühl (1007 m) bei Obernheim. Im Lemberg (1015 m) ihm gegenüber erreicht die Schwäbische Alb ihre höchste Erhebung. Und mit dem Dreifaltigkeitsberg (983 m) über Spaichingen weist sie schließlich über sich selbst hinaus: zum Brückenland der Baar-Alb, aus der die Vorberge Hohenkarpfen und Lupfen aufragen. Und weiter über die Donaulinie hinweg zum Hegau und zum Hohen Randen, die beide dem Schwäbischen Jura den seit Jahrmillionen abgerissenen Anschluß zum Schweizer Jura hin zurückgeben möchten.

129 Sigmaringen, Fürstliches Museum, »Marientod« des Meisters von Meßkirch
Sigmaringen – princely museum, »Marientod« by the Master of Messkirch
»Marientod« du maître de Messkirch au musée des Princes de Sigmaringen

130/131 Schloß Sigmaringen
Castle of the Hohenzollern dynasty in Sigmaringen
Le château des Hohenzollern à Sigmaringen

132 Kloster Beuron im Donautal
Beuron cloisters in the Danube valley
L'abbaye de Beuron dans la vallée du Danube

133 Donautal mit Schloß Werenwag
Danube valley with the pictoresquely situated Werenwag Castle
La vallée du Danube et le château romantique et pittoresque de Werenwag

134 Flug über das Donautal
Flight above the Danube valley
La vallée du Danube vue d'avion

135 Wildenstein
Wildenstein – medieval castle, now a youth hostel
Le château-fort de Wildenstein, construit au Moyen-Age, est actuellement une auberge de la jeunesse

136 Dreifaltigkeitsberg mit Blick auf den Lemberg
Dreifaltigkeitsberg near Spaichingen, with a view of the Lemberg, the highest peak of the Swabian Alb
Le Dreifaltigkeitsberg près de Spaichingen, avec vue sur le Lemberg – le plus haut sommet du Jura Souabe

137 Mühlheim, Stadtmauer von Süden
Mühlheim – ramparts from the south
Rempart sud de la ville de Mühlheim

138 Blick vom Witthoh zum Hegau
View from Witthoh to the Hegau
Le Hegau vu du Witthoh

Zu den Bildern

Ostalb

1. Blick über den Ipf zur Traufseite der Ostalb Der Ipf bei Bopfingen, ein 668 m hoher Weißjura-Kegelberg am Rand des Rieskessels, trägt auf der Kuppe eine deutlich sichtbare hallstattzeitliche Wallanlage. Er bildet das Kernstück einer Gruppe von Landschaftsschutzgebieten, die ausgedehnte Wacholderheiden, Riesrandberge mit Heidevegetation, ein vorgeschichtliches Gräberfeld (Meisterstaller Heide), den für die Besiedlungsgeschichte besonders zeugniskräftigen Goldberg und geologisch charakteristische Formationen wie die Weißjurascholle des Schloßbergs oder die Weißjura-Gries-Bergrücken von Tonnenberg und Karkstein vor der Zerstörung bewahren wollen. Am Fuß des Ipf links Oberdorf, der römische Straßenknotenpunkt und Kastellplatz Opie. Über der Ipfkuppe: Aufhausen mit dem Naturschutzgebiet Tierstein und dem Quellkessel der Egerquelle. Vor der Wendemarke des Albtraufs, dem verblauenden Braunenberg am rechten oberen Bildrand, ist Schloß Kapfenburg zu erkennen.

2./3. Schloß Baldern Blick nach Südosten zum Ipf über ein durch Aufforstung sich wieder bewaldendes mittelalterliches Rodungsland. Rechts vom Ipf am Bildrand die staufische Burg Flochberg auf dem Schloßberg, davor im Talgrund Bopfingen mit Oberdorf. Die südwärtige Horizontlinie bildet das Härtsfeld mit dem hinter dem felsigen Goldberg, einem Naturschutzgebiet, erkennbaren Allbuck, Schauplatz der Schlacht von Nördlingen 1634. Das Schloß Baldern sitzt auf einem breit gelagerten, freistehenden Braunjurakegel von 627 m Höhe. Die schon im Mittelalter bestehende Burg wurde 1718 bis 1737 von Gabriel di Gabrieli barock umgestaltet. In Kaisersaal und Schloßkapelle bemerkenswerte Stuckdekorationen der Brüder Schweizer aus Deggingen. Kunst- und Waffensammlung des Fürsten Oettingen-Wallerstein. Berühmter Blick über das Ries.

4. Flochberg mit Burgruine und Wallfahrtskirche Die Burg Flochberg sitzt auf einer Weißjurascholle des Riesrandes (552 m) und bewacht sowohl den Aufstieg zum Härtsfeld wie die Talstraße ins Ries. Sie kam vor 1145 in staufischen Besitz und beschützte die im Mittelalter vielbenutzte Reichsstraße zwischen den reichsfreien Messeorten Straßburg und Nördlingen. 1648 von den Schweden zerstört, wurde die Ruine dem Verfall preisgegeben. Heute steht der Schloßberg unter Landschaftsschutz. Die barocke Wallfahrtskirche »Maria im Roggenacker« (1741–1743) ist als Zentralbau über dem Grundriß eines griechischen Kreuzes bemerkenswert. Die wichtigsten Kunstziele der Gegend sind der Flügelaltar von Friedrich Herlin in der Stadtkirche der ehem. freien Reichsstadt Bopfingen (1472), die ummauerte Anlage des ehemaligen Zisterzienserinnenklosters Kirchheim am Ries mit hochgotischer Kirche (Anf. 14. Jh.) und die St.-Georgs-Kirche von Nördlingen, ein Hauptwerk der spätgotischen Hallenkirchen.

5. Schloß Kapfenburg Auf einem Vorsprung des Härtsfeldrands gelegen, beherrscht das blockhafte Bild der ehemaligen Deutschordensburg die Landschaft um die obere Jagst. Am Albtrauf entlang greift der Blick weit über die Industriegemeinde Westhausen-Reichenbach (Bildmitte) hinaus in das hügelige Welland, das zum Schwäbischen Wald überleitet. Die Braunjurastufe des Albaufbaus ist hier besonders deutlich erkennbar, der ursprüngliche Laubwaldcharakter blieb noch weitgehend erhalten. Die Kapfenburg, wohl in staufischer Zeit errichtet, kam 1364 an die Deutschordenskommende Mergentheim und blieb bis 1806 Sitz eines Komturs. Ökonomisch und kulturell (Kirchenbau) wurde sie als Verwaltungsmittelpunkt für ein weites Gebiet gesichtsprägend, das ihr zu Füßen liegende Städtchen Lauchheim konnte diese Züge weitgehend bewahren. Das Architekturbild der Kapfenburg bestimmen die Bauformen der Renaissance (1530–1593), denen der Barock (1715–1717) dekorative Akzente beimischte.

6. Benediktinerabtei Neresheim Die Stadtgemeinde Neresheim, Mittelpunkt des Härtsfelds, entwickelte sich an einer quellenreichen Stelle des Egautals aus einer alamannischen Siedlung. Die Lage an der Handelsstraße Nürnberg–Nördlingen–Ulm gab ihr eine gewisse Bedeutung, die sich in Markt und Mauer bekundete, doch die begrenzten wirtschaftlichen Bedingungen des Härtsfelds (Landwirtschaft, Wald, Steinbruch und die Ungunst des Klimas) hielten die Einwohnerzahl klein. Das Kloster auf dem Ulrichsberg über Neresheim wurde 1095 begründet. Von ihm gingen in der Folge die entscheidenden Impulse für Rodung, Dorf- und Hofbau auf dem Härtsfeld aus. Alle wesentlichen Barockbauten des Härtsfelds verweisen auf das Benediktinerkloster, das im Lauf seiner Geschichte mehrfach bei Truppendurchzügen heimgesucht wurde. Die heutige Klosteranlage entstand 1699 bis 1714 und erhielt von 1745 an ihre Krone in der Barockkirche Balthasar Neumanns, neben deren Fassade der rund 130 Jahre ältere »Wächter des Härtsfelds« aufragt.

7. Altarweihe in der Abteikirche Neresheim Die 1745 nach Plänen von Balthasar Neumann begonnene, 1770 bis 1775 von Martin Knoller freskierte und erst 1792 geweihte Abteikirche von Neresheim zählt zu den bedeutendsten Barockschöpfungen Europas. »Neumann hat hier nicht nur sein eigenes Schaffen gekrönt, sondern als Wortführer einer ganzen Epoche deren Wollen und Sehnen erfüllt« (M. v. Freeden). Schäden in Dachkonstruktion, Hochwänden und Fundament erzwangen 1966 die Schließung der Kirche. Am 9. September 1975, dem Tag der Weihe des Altars, konnte der Konvent wieder in seine Kirche zurückkehren. Sanierung und Konservierung der Abteikirche stellen eine bedeutende Leistung des Landesamts für Denkmalpflege dar, als dessen verantwortlicher beauftragter Architekt Peter Haag während der Restaurierungszeit verstarb.

8. Burg Katzenstein Nahe dem alten »Frankensträßle«, zu der die Römerstraße Faimingen–Oberdorf umgetauft wurde, überrascht in der Einsamkeit des Härtsfelds eine kleine Burg, die malerisch auf einem Griesfelsen hockt: der Burgsitz der Herren von Cazzenstein. Die Buckelquader des 20 m hohen Bergfrieds verweisen auf die Zeit der Staufer, doch hat die Burg seit der ersten Nennung ihrer Edelherren (1099) viele Veränderungen und manchen Besitzerwechsel erfahren. Aber der Fels setzte den Umbauten Grenzen. So blieb viel Romanisches bewahrt und wurde in jüngster Zeit konserviert: Weinkeller, Kamin und Kapelle. Wertvollster Fund der letzten Jahre ist ein gotischer Freskenzyklus mit der Darstellung des richtenden Christus (Maiestas Domini) in der romanischen Apsis der Kapelle.

9. Dischingen auf dem Härtsfeld Der Hauptort des mittleren Egautals ist umgeben von Spuren keltischer Besiedlung. Inseln von Steppenheide warten auf den Albschäfer, die Mulden bringen gute Frucht, die Wälder sind wildreich – Gründe genug für das fürstliche Haus Thurn und Taxis, sich hier 1723 einzukaufen. Die »Taxisschlösser« Trugenhofen und Duttenstein, die Damhirsche und Mufflons im Parkwald Duttenstein und die Ruinen im nahen Kartäusertal (Hürnheim, Hochhaus, Niederhaus) sind beliebte Ziele. Die das Ortsbild beherrschende Pfarrkirche (1769–1771) ist ein wohlgestaltiger Rokokobau des Härtsfeldbaumeisters Josef Dossenberger, eines Schülers von Dominikus Zimmermann.

10. Am Fuß des Braunenbergs: Wasseralfingen Der Blick geht von Süden nach Norden. Die von Aalen her kommenden zwei Verkehrslinien sind einander nahegerückt und teilen sich in Verbindungen nach Schwäbisch Hall, nach Ellwangen–Crailsheim, nach Bopfingen. Die Industrie, deren Gewicht die Waben der neuen Wohnsiedlungen illustrieren, hat diese Gunst einer verkehrsoffenen Lage im Albvorland für die Herausbildung einer Kochertalachse genützt. Gegen 1670 gab das Eisenerz des Braunenbergs (rechts), das in Wasseralfingen verhüttet wurde, den Anstoß dazu. Seit 1975 bilden Aalen und Wasseralfingen ein Stadtwesen. Hauptanziehungspunkt: der Braunenberg (685 m), Kunstziel: spätgotischer Flügelaltar von Martin Schaffner (um 1530) in der Stephanuskirche.

11. Aalen mit Blick nach Unterkochen Das engmaschige Giebelgewebe im Bildkern verweist auf den Anfang städtischen Lebens in der Aalener Bucht: das kleine Trapez umspannte die ehemalige freie Reichsstadt Aalen. Unterkochen im Hintergrund hält die Sohle des Kochertals besetzt, trennt das Härtsfeld zur Linken vom Albuch zur Rechten und schließt den Weg zum Brenztal hin auf. Die ruhigen Kammlinien ergeben einen melodiösen Berghorizont von maßvoller Höhe, von 674 m im Süden bis zu 725 m im Osten. Die Seitenbäche des Kochers haben das Braunjuravorland ausgeräumt. So kann am Albuch entlang ein flacher Streifen die Verbindung mit dem Remstal aufnehmen, um Gäste und Güter aus dem Westen entweder in die Kocherfurt einzuschleusen oder mit dem Kocher talab nach Wasseralfingen zu leiten. Die zwei Verkehrsstränge des Bildes kennzeichnen die Kräfte, die das Reiterkastell Aalen (um 120 bis 260 n. Chr.) für die Römer wichtig und aus der kleinen Reichsstadt einen Verkehrsknotenpunkt, eine Industriestadt und eine Flächenstadt mit einer Reihe von Stadtteilen und Teilorten gemacht haben. Besuchenswert: das römische Limesmuseum, ein geologischer Pfad, das Naturschutzgebiet Dellenhäule.

12. Im Wental Das großenteils waldbestandene, weithin unberührte Trockental zwischen Bartholomä und Steinheim zählt zu den meistbesuchten Landschaftsschutzgebieten des Albuchs. Ausgewaschene Dolomitfelsen geben dem verkarsteten Flußtal ein reizvolles Gepräge, es besitzt seinen Höhepunkt im Naturdenkmal des »Felsenmeers«. Das Gebiet ist reich an »Erdfällen«, Karsthohlformen, durch die das Sickerwasser ins Tal verschwindet, um im Brenztopf von Königsbronn wieder an den Tag zu kommen. Die »Eisenschmitte« in Königsbronn, die im 15. Jahrhundert tätig wurde und mit den Schmitten in Itzelberg und Heidenheim die Wiege der eisenverarbeitenden Industrie des Brenztals darstellt, verdankte dem Brenztopf die Antriebskraft.

13. Die Steinernen Jungfrauen im Eselsburger Tal Das von den geschützten Schafweiden der Gemarkung Herbrechtingen begleitete Tal der jungen Brenz, die am Buigen einen Umlaufberg zu modellieren im Begriff ist, ist ein kleines Durchbruchstal vom Charakter des oberen Donautals. Die Auskleidung des Tals mit Felsen hat ihre schönste Partie bei den Steinernen Jungfrauen (Bildmitte links).
Die Sage erblickt in ihnen zwei Mägde, die mit Männern zu sprechen wagten und von ihrem männerhassenden »Ritterfräulein« mit Satanskunst in Fels verwandelt wurden. Der Buigen trägt einen keltischen Wall.

14. Galluskirche in Brenz Wo die Brenz ins Donauried eintritt, bilden Galluskirche und Renaissanceschloß von Brenz an der Brenz eine ansprechende Baugruppe. Die romanische Säulenbasilika, die durch ihre Apsiden, ihren Mauercorpus und die phantastischen Reliefs ihrer Friese bemerkenswert ist und zu den spätromanischen »Schmuckkirchen« Ostwürttembergs zählt, verweist durch ihre erhabene Position auf Tiefenschichten vergangenen Lebens. Über den Mauern eines römischen Kellers errichtete um 650 der alamannische Ortsadlige eine hölzerne Urkirche, der 50 Jahre später eine Steinkirche folgte. Bei der »Durchfrankung« Alamanniens mit frankenfreundlichen Adligen wurde diese Eigenkirche konfisziert und ging als »Capella ad Prenza« in das Königsgut der Karolinger über. Der heutige Bau, der unter Verwendung des alten Westwerks entstand, wurde um 1235 errichtet. Das erste Kloster des Brenztals, das spätere Augustiner-Chorherrnstift in Herbrechtingen, entstand ebenfalls auf konfisziertem Boden. Es wurde gegen 774 von Abt Fulrad, dem Vorsteher der vornehmsten karolingischen Abtei St. Denis bei Paris, als Veranus- und Dionysiuszelle gegründet.

15. Die Vogelherdhöhle im Lonetal Als eine »Besonderheit in landschaftlicher, erdgeschichtlicher und pflanzenkundlicher, vor- und siedlungsgeschichtlicher Hinsicht« gehört das Lone- und Hürbetal zu den interessantesten Schutzgebieten der Ostalb. Die Lone, einst ein wasserreicher Fluß, bot gleich der Brenz während der letzten Eiszeitperiode den Wildbeutern alles, was sie für ein primitives Leben brauchten. Auch Schutz in den Höhlen der Weißjurafelsen. Unweit von Stetten ob Lontal liegen die Wohnhöhlen des Altmenschen der jüngeren Altsteinzeit dicht beisammen. Die bekannteste unter ihnen ist seit 1932 die Vogelherdhöhle, in der Gustav Riek »Europas wertvollsten Diluvialschatz«, fünf kleine Rundplastiken aus Elfenbein, entdeckte. Ihr Alter wird mit 25 000 bis 30 000 Jahren angegeben.

16. Häuserzeile in Alt-Heidenheim Einfache Zweckmäßigkeit und sachliche Spröde, die Hausfront als Schutz für ein Leben ohne repräsentative Ansprüche – das Bild verrät viel vom Wesen der sparsamen und schaffigen Generationen, die im 19. Jahrhundert die Stadt an der Brenz zu einem Zentrum für Maschinenbau und Textilindustrie gemacht haben. Wie in Urach wurde um 1600 in Heidenheim eine Webervorstadt angelegt. Herzog Friedrich I. richtete darin eine Nebenstelle der Uracher Leinwandschau ein, in Konkurrenz zu Ulm. Gleichzeitig entstand eine Schmelzofenvorstadt. Die Leine- und Wollweberei, schon im 13. Jahrhundert von Bedeutung, und die seit 1365 nachweisbare Eisengewinnung bildeten die Lebensgrundlagen der bis 1448 den Grafen von Helfenstein gehörenden Stadt, die zur Reformationszeit an die Grafen von Württemberg kam.

17. Schloß Hellenstein Als eindrucksvoller Block überragt die auf einen steilen Felsen gesetzte Burg die Heidenheimer Altstadt, mehr einen politischen Anspruch repräsentierend als den Wunsch, mit schönen Architekturformen zu glänzen. Das württembergische Schloß entstand im 16. Jahrhundert über und neben den Ruinen der helfensteinischen Burg. Es beherbergt eine schöne Quersaalkirche (1605) und ein vorzügliches Heimatmuseum. Am Fuß des Hellensteinfelsens die »Heidenschmiede« der mittleren Altsteinzeit, in der Werkzeug aus dem Süßwasser-Kieselkalkstein des Steinheimer Beckens gefunden wurde. Um 90 n. Chr. machten die Römer das Aquileia genannte heutige Heidenheim zur Garnison und zum Verkehrsknotenpunkt des Alb-Limes, die Garnison wurde um 120 n. Chr. nach Aalen vorverlegt. Eine bemerkenswerte Tradition besitzt das seit 1924 auf dem Schloßberg eingerichtete Naturtheater.

18. Das Steinheimer Becken bei Rauhreif Wie für die Schulfibel herauspräpariert, liegt der Kreis des Steinheimer Beckens inmitten der rauhreifbedeckten Albuchwälder, begleitet von reizvollen Wacholderheiden. Die dem Ries vergleichbare erdgeschichtliche Erscheinung verursachte nach neueren Anschauungen ein Meteoriteneinschlag. Steil gestellte Weißjuraschichten, Lias- und Doggervorkommen und Sprudelkalke weisen darauf hin. Zuflüsse füllten das so entstandene Loch mit Wasser und lagerten Sande ab, rund um den Pfropfen des Steinhirts (Mitte) einen Süßwassersee bildend, dessen fossilem Nachlaß wir wertvolle Kenntnisse über die Säugetiere der Urzeit verdanken. Im Vordergrund das Stubental, durch das die Schwäbische Albstraße von Heidenheim ins Eybachtal nach Geislingen führt.

19. Burgruine Lauterburg Am Steilrand des Albuchs gelegen, schützte die 1732 abgebrannte Burg zusammen mit der Burg auf dem Rosenstein den direkten Albübergang vom Remstal (Heubach) zum Brenztal (Heidenheim). Die Ruine bezeichnet ein Wander- und Schizentrum (Hirtenteich) von besonderer Bedeutung für die Naherholung. Die Wanderwege und Loipen in ihrem Umkreis verbinden die Vorzüge der Waldlandschaft des Rosensteins mit dem Naturschutzgebiet Volkmarsberg (743 m mit Aussichtsturm und Schutzhütte des Schwäbischen Albvereins) und dem Wental. Eine Besonderheit sind die Weiherwiesen bei Lauterburg, Streuwiesen auf der Albhochfläche.

20. Die Große Scheuer auf dem Rosenstein Bollwerkhaft ragt der Rosenstein über dem Textilstädtchen Heubach auf, 735 m hoch. Seine anderthalb Kilometer lange Hochfläche hängt nur durch einen schmalen Rücken mit der Alb zusammen – eine Einladung an die hallstattzeitlichen Kelten, auf der Halbinsel eine Fliehburg einzurichten. Ihre Gräben und Wälle kennzeichnen den Berg. Lange vor ihnen waren Mammutjäger da. Sie bewohnten die Kleine Scheuer, die es erlaubt, weithin das Albvorland unter Kontrolle zu halten. Die Römer folgten, zuletzt die Freiherren von Woellwarth-Lauterburg, die 1413 die Burg auf dem Fels bezogen und Heubach das Stadtrecht gaben. Die Große Scheuer ist eine 40 m lange Felsgrotte in 703 m Höhe.

Stauferland

21. Schwäbisch Gmünd, Treppenhaus im »Prediger« Der Prediger, bis 1803 Kloster des Predigerordens der Dominikaner, ist 1973 nach mancherlei Mißbrauch und Zerstörung zum kulturellen Mittelpunkt der Stauferund Goldschmiedestadt Schwäbisch Gmünd geworden. Von den Fresken Johann Anwanders konnte nur die Ausmalung des barocken Treppenhauses mit dem Erzengel Michael konserviert werden. Das beispielhaft umgestaltete Gebäude beherbergt das Städtische Museum mit einer hervorragenden erdgeschichtlichen und naturkundlichen Abteilung, der die Vorgeschichte mit den steinzeitlichen Funden vom Rosenstein angegliedert ist und eine kulturgeschichtliche Abteilung von bemerkenswerter Gesamtqualität folgt.

22./23. Schwäbisch Gmünd, Blick von Osten Vor 1162 als staufische Stadt im Talgrund der Rems gegründet, ist Schwäbisch Gmünd weit über seine alten Grenzen hinausgewachsen. Eine einseitige, auf die Edelmetallindustrie ausgerichtete Wirtschaftsstruktur stand dieser Entwicklung lange im Weg. Die ehemalige freie Reichsstadt, die im Unterschied zu ihren Nachbarinnen Aalen und Bopfingen und der woellwarthischen Herrschaft katholisch blieb und darum gleich dem fürstpröpstlichen Ellwanger Gebiet und dem Stiftsland Neresheim stark vom Barock beeinflußt wurde, konnte ihren Altstadtkern weithin bewahren. Die Aufnahme zeigt ihn von Osten: mit dem hohen gotischen Heiligkreuzmünster (1320 ff.), Platz einer 782 beurkundeten Zelle, mit der romanischen Johanniskirche (1210–1230), deren frühgotischer Turm rechts davon erkennbar ist, mit dem neugestalteten Prediger dahinter, einigen alten Handwerker- und Ladengassen sowie der langen Marktstraße, an der als herausragende Fachwerkbauten das Heiliggeistspital (1495) und das Kornhaus (1507) und als feingebildeter Barockbau das Neue Rathaus (1783) des um die Gestaltung des barocken Gmünd hochverdienten Baumeisters Johann Michael Keller stehen.

24./25. Land der »Kaiserberge« Das barocke Spiel der Wolken akzentuiert die lebhafte Bewegung des Albvorlandreliefs mit den drei »Kaiserbergen« Rechberg (links mit Kirchturm), Stuifen (Mitte im Wolkeneinschnitt) und Hohenstaufen (rechts). Der vom Rechberg zum Hohenstaufen verlaufende Höhenzug des Asrückens macht den Verlauf der Wasserscheide deutlich; die Wasser des Vordergrunds suchen die Rems, die des Mittelgrunds erwartet die Fils. Der wolkenüberlagerte Albtrauf im Hintergrund verweist ostwärts zum Albuch, westwärts zur Geislinger Alb. Der Blick aus der Höhe schließt den Bau der Schichtstufenlandschaft auf. Der Asrücken, eine typische Verebnungslandschaft der oberen Braunjuratone, trägt Äcker und Wiesen. Die Steilstufe des Brauneisensandsteins rechts und links von ihm ist großenteils mit einem Laub-Nadel-Mischwald bewachsen. Talwärts bildet der Opalinuston wellige, rutschgefährdete Hänge, die über die kleineren Stufen härterer Schichten hinweg zur Lias-Verebnungsfläche führen. Buckelwiesen machen auf Knollenmergelhänge aufmerksam und die vielen Hügel und Kuppen, die zwischen Rechberg und Hohenstaufen vom Halbbogen des Asrückens umfangen werden, lassen erahnen, daß das Hausgebiet der Staufer noch heute ein Land vieler Gehöfte ist. Anmut ist sein Kennzeichen.

26. Reiterleskapelle im Christental Gleich einer Landmarke steht sie am Paß zwischen Schwarzhorn und Graneggle, dem Ostalbwanderer ein vertrauter Anblick. Der Reiter ihrer Wetterfahne verweist auf ihren Ursprung: auf ein Gelübde des Bauern Reuter, der den kleinen Bau 1714 erstellen ließ. Das Gelübde sollte der Sage zufolge den Geist des »Holzbrockeler« bannen, der dem Bauern als wilder Reiter den Heimweg versperrt hatte.

27. Burgruine Hohenrechberg mit Blick auf den Hohenstaufen Die staufische Ministerialenburg Hohenrechberg wurde um 1200 vom Stammvater der später gräflichen Linie, Marschall Ulrich von Rechberg, erbaut. Ihr durch schönes romanisches Mauerwerk ausgezeichneter Unterbau wurde zum Sockel einer großen Burg des 15. Jahrhunderts, die 1865 einem Wintergewitter zum Opfer fiel. Der Gipfel des Hohenrechberg trägt eine barocke Wallfahrtskirche (1686–1688). Der Blick nach Westen gleitet über den Asrücken zum Dorf Hohenstaufen am Fuß des gleichnamigen Weißjura-Kegelbergs. Das Motiv gehört zu den exemplarischen Landschaftsbildern des schwäbischen Landes.

28. Burgruine Staufeneck Das Wahrzeichen des Filstals beherrscht vom südlichen Ausläufer des Rehgebirges herab den Fernweg Neckar–Fils–Donau. Zu Ende des 11. Jahrhunderts, wohl gleichzeitig mit der Burg auf dem Staufen erbaut, gehörte die Anlage zum Schutzring des staufischen Hausgebiets; als ihr Erbauer wird Ludwig von Staufen, Bruder des ersten Staufenherzogs Friedrich, angesehen. Von der ursprünglichen staufischen Anlage blieb der runde Bergfried erhalten, dessen Buckelquader aufs eindruckvollste die Bautechnik der Stauferzeit und deren orientalische Beeinflussung während der Kreuzzugszeit bezeugen. Der Turm ist 30 m hoch.

29. Wäscherschlößle mit Blick auf den Rechberg Die kleine Burg bei Wäschenbeuren galt lange Zeit als die Wiege der Staufer, die als Herren von Büren, 1079 mit dem Herzogtum Schwaben belehnt, nach 1080 die Burg auf dem Staufen errichteten und deren Namen annahmen. Die kleine Wehranlage wurde um 1230 erbaut. Der Palas besteht aus Buckelquadern, denen zwei jüngere Geschosse aufsitzen. Eine rund 10 m hohe Mantelmauer mit rundbogigem Tor schützt den trapezförmigen Innenhof. Seit 1961 besitzt das Wäscherschloß eine kleine Staufer-Gedächtnisstätte und eine Sammlung von Bauerngerät. Über der Toreinfahrt sind Burg und Berg Hohenrechberg erkennbar.

30. Barbarossabüste aus Cappenberg Die Büste des bekanntesten staufischen Herrschers Friedrichs I. wurde bald nach 1156 für das Stift Cappenberg bei Dortmund geschaffen, die Stauferhalle des Städtischen Museums von Göppingen besitzt eine treue Wiedergabe. Die Büste war, wie aus der Umschrift hervorgeht, ein Reliquienbehälter und steht in engstem Zusammenhang mit der Kaiserkrönung und der damit übernommenen Herrscherwürde. Den von vier Drachen gestützten Turm- und Zinnenkranz des Ewigen Rom nehmen drei Engel und ein Stifter als Stützfiguren ein, den Kopf schmückt das Banddiadem, die »Imperatorenbinde« des Kaiserornats. Erstmals in der mittelalterlichen Kunst zeigt dieser vergoldete Bronzeguß einen Herrscher mit porträthaften Zügen.

31. Burg Hohenstaufen um 1470 Die Oberhofenkirche in Göppingen überstand als einziges Bauwerk des Mittelalters den Stadtbrand von 1782. Der dreischiffige, um 1480 vollendete Hallenbau überraschte 1938 die Restauratoren mit einem verputzten Stifter-Wandbild, das über einer vornehm gekleideten Frau eine Landschaft mit der ersten und bisher einzigen Darstellung der Burg Hohenstaufen zeigt. Die schwäbische Herzogsburg wurde 1525 ein Opfer des Bauernkriegs. Eine kunstgeschichtliche Besonderheit ist die Rebenstiege des Steinmetzen Hans Neu im Göppinger Schloß, das weinstocküberwucherte Gebilde entstand 1562.

32. Die Nenninger Pietà von Ignaz Günther Die lebensgroße Vespergruppe des Münchner Bildhauers Ignaz Günther, die 1774 von den Grafen von Rechberg für die im gleichen Jahr erbaute Nenninger Friedhofskapelle erworben wurde, ist das letzte Werk des Meisters. Im Kunstbestand des Stauferlandes nimmt es einen der ersten Plätze ein. Weitere Kunstziele der Gegend sind die Pfarrkirche bei Schloß Weißenstein mit rechbergischen Grabmälern des 18. Jahrhunderts, die barockisierte Martinskirche in Donzdorf mit hoch- und spätmittelalterlichen Grabsteinen der Rechberg sowie das rechbergische Schloß in Donzdorf, ein Renaissancebau mit Haubentürmen an den Ecken. Auf Schloß Ramsberg eine kunstvoll gestaltete „Dürnitz" mit frühgotischem Kreuzrippengewölbe.

Geislinger Alb

33. Geislingen an der Steige Die »Fünftälerstadt«, bekannt als Industriezentrum sowie durch den Albaufstieg der Geislinger Steige, ist auch für Albwanderungen ein Knotenpunkt besonderen Rangs. Der Blick nach Norden in das Filstal zeigt rechts den Tegelberg (698 m), der zur Kuchalb hinauf- und ins Eybachtal hineinweist, links führt er über Geislingen-Altenstadt hinweg zum Spitzenberg (665 m) und zum waldreichen Gebiet um den Burren. An Bau- und Kunstdenkmälern erfordern die Stadtpfarrkirche (1424–1440) mit bedeutenden ulmischen Schnitzwerken, die großen Fachwerkbauten Alter Zoll (15. u. 16. Jh.) und Bauhof (16. Jh.), die 1552 von Ulm zur Ruine gemachte Burg Helfenstein sowie der Ödenturm als Wahrzeichen der Stadt Beachtung. Den Zugang zur Autobahn Ulm–Stuttgart erschließt das nach links weiterführende obere Filstal, das »Täle«.

34. Hausener Wand bei Bad Überkingen Das Naturschutzgebiet entstand durch einen Bergsturz in vorgeschichtlicher Zeit, der die Schichten des Weißen Jura freilegte. Die Hügel am Fuß der Wand bestehen aus abgestürzten Gesteinsmassen. Ein zweiter Bergsturz ereignete sich 1805. Der Ort Hausen kam 1382 an Ulm und bildete später die Religionsgrenze im »Täle«; so wurde, analog zu den Lutherischen Bergen bei Ehingen, die Hausener Wand auch »Lutherische Felsen« genannt. Eines der meistbesuchten Wanderziele der Gegend ist der Wasserberg (751 m), der mit dem Höhenzug zum Tälesberg und Hartberg unter Landschaftsschutz steht und ein bekanntes Albvereinshaus, das Wasserberghaus, trägt. Berühmt ist der Blick auf die »Dreikaiserberglandschaft«.

35. Roggennadel und Roggenstein im Magental bei Geislingen-Eybach Als Nadeln und Bastionen, Bergnasen und Felsenkränze sind die Felsen der besondere Schmuck der Alb. Ursprünglich Riffe und Stotzen des Weißjurameers, aufgebaut durch kalkbindende Organismen wie Schwämme, Korallen und Algen, haben sie durch Erosion und Auswitterung ihre vielfältigen Formen erhalten. Bizarre Gestaltungen gaben der Sage Nahrung, für den alpinen Kletterer sind sie willkommenes Übungsgelände. Bei der 43 m hohen Roggennadel befindet sich das »Mordloch«, eine von einem Bach durchspülte enge Karsthöhle.

36. Der Burren Der nadelkissenförmige Weißjuraberg (693 m) ist überwölbt von einer charakteristischen Rasenkuppe, deren zwei windzerzauste Bäume einen naturgeschützten Aussichtspunkt südlich von Gingen a. d. Fils bezeichnen.

37. Albbäuerin Mit Kopftuch und der Umhangschürze über dem fast bodenlangen Rock, das Leiterwägele hinter sich, in dem das Jüngste Platz hat und ab und an auch Stückgut vom Bahnhof oder Weißmehl von der Mühle zu holen ist, so ging, bevor Auto und Zugmaschine den Tageslauf veränderten, die Albbäuerin aufs Feld. Manche kommen auch heute noch so: zum Steineklauben, zum Rübenhacken, zum »Nacharbeiten« der Ackergrenzen; erst beim »Betläuten« kommen sie wieder ins Dorf. Freilich, Bäuerin ist nicht gleich Bäuerin. Auf der Geislinger und Ulmer Alb legte die Herrschaft Wert auf das Anerbenrecht: »das Sach« sollte möglichst geschlossen in einer Hand bleiben. Die Territorialherrschaften in den Talgemeinden von Fils und Lauter dagegen nahmen die übliche Parzellierung durch Erbteilung hin. So ermöglichte das Anerbenrecht ansehnliche Betriebsgrößen, während die Parzellierung aus Kleinbauern (Seldnern) häufig »Geißenbauern« mit geringem Einkommen machte und den gewerblichen Verdienst vorrangig werden ließ. Die »Bäure« eines rechtschaffenen Albgehöfts war daher ehedem wohl kaum mit Kind und Wägele auf dem Feld zu finden, während bei Seldnern die landwirtschaftliche Arbeit vorwiegend Aufgabe von Weib und Kindern war.

38./39. Das obere Filstal Im Vordergrund rechts liegt Wiesensteig, die Autobahn Stuttgart–Ulm hälftet den Albhang über ihm. Sie kommt von der im Waldwinkel erkennbaren Malakoffbrücke her, einem vollendet in Fels und Wald eingeschmiegten Bauwerk von 120 m Länge, hinter dem sich die 371 m lange Todsburgbrücke von Mühlhausen verbirgt. Die beiden Bauwerke leiten den sieben Kilometer langen Albaufstieg ein. In der Mitte des Talverlaufs Gosbach und Bad Ditzenbach mit der Hiltenburg zwischen sich; Deggingen folgt; dann Hausen mit der Hausener Wand. Und zuletzt Geislingen mit dem Tegelberg, von wo der Blick nach rechts auf die Hochfläche der Stubersheimer Alb wandert, um sich wieder zum Vordergrund über Wiesensteig zurückzutasten. Das großzügige Landschaftsrelief zeigt das Wesentliche: die starke Zertalung, die Felsgrenze, die geköpften Täler rechts im Bild und die kräftigen Bergeinschnitte einer jungen, neckarwärts gerichteten Erosion.

40. Deggingen, Wallfahrtskirche Ave Maria Der mit flacher Tonne gedeckte Saalbau mit dreikonchenartig gebildeter Ostpartie ist ein reizvolles Werk des Rokoko (1716–1718), in das die Degginger Brüder Schweizer elegante Stuckzier eingebracht haben. Die schöne landschaftliche Lage der Kirche unter dem felsenbestückten Berg, die Fresken von Josef Wannenmacher und ein mächtiger Hochaltar (1700) machen Ave Maria zum meistbesuchten Kunstziel im »Täle«.

41. Wiesensteig mit der Malakoff-Brücke Bei Wiesensteig nimmt die Fils ihren Anfang, dem Ort verdankt der Kreis Göppingen sein erstes schriftliches Dokument: den Klosterstiftungsbrief vom 6. 12. 861, ein wahrhaftes Kompendium von alten Personen- und Ortsnamen. In Gingen, wo die Fils die Alb verläßt, blieb die älteste datierte Kircheninschrift Deutschlands aus dem Jahre 984 erhalten. – Zwei Dokumente, die ein altes Kulturland ausweisen. Nach dem Teilverkauf der helfensteinischen Herrschaft an die Reichsstadt Ulm wurde Wiesensteig 1396 zum Hauptort der Reichsgrafschaft Helfenstein. Der Marktbrunnen (17. Jh.) mit dem helfensteinischen Elefanten erinnert daran, desgleichen einige hübsche Fachwerkbauten, das helfensteinische Stadtschloß (1551, 1602) und die doppeltürmige barock-klassizistische Stiftskirche St. Cyriacus mit der Grablege der Helfensteiner. Malakoff ist der Name eines napoleonischen Generals aus dem Krimkrieg, der bei Wiesensteig begütert war.

42. Steinernes Weib, Felsnadel bei Wiesensteig Das hochgereckte Naturdenkmal hoch über dem Städtchen ist trotz erheblicher Schwierigkeiten beim Bau des neuen Autobahn-Albaufstiegs (1957) erhalten worden. Die Ortssagen erblicken in ihr teils eine von Gottes Zorn in Stein verwandelte geizige Kindsmörderin, teils eine von Gott vor der Wiesensteiger Hexenverbrennung bewahrte Unschuldige.

Um Teck und Neuffen

43. Kirchheim unter Teck, Rathaus Unter den Rathäusern des Landes ist der reiche Fachwerkbau von Kirchheim seit seiner Restaurierung ein besuchenswertes Schmuckstück. Der turmartige Dachreiter über dem abgewalmten Hauptgiebel verrät die Barockgesinnung der Bauzeit: 1722 bis 1724. Die Stadt Kirchheim erwuchs im Schatten der Herzöge von Teck im 14. Jahrhundert zu einem beachtlichen Platz der Tuchmacherei und des Tuchhandels, den dann die württembergische Nachfolgeherrschaft von 1539 an zur Landesfestung ausbaute, mit einem vierflügeligen Renaissanceschloß ausstattete und nach dem Stadtbrand von 1690 großzügig neugestaltete. Die Stadtkirche St. Martin hat schöne Renaissancegrabmäler und einen netzgewölbten gotischen Altarraum. Das Heimatmuseum im Kornhaus (16. Jh.) besitzt eine besuchenswerte Sammlung von vorgeschichtlichen und frühgeschichtlichen Funden aus Albhöhlen, Römervillen und Alamannengräbern. Es erinnert desgleichen an den württembergischen Obervogt Konrad Widerholt, den Verteidiger des Hohentwiel im Dreißigjährigen Krieg sowie an den in Kirchheim geborenen Ingenieur und Schriftsteller Max Eyth, einen Pionier der Technisierung der Landwirtschaft.

44. Die Teck mit dem Wanderheim des Schwäbischen Albvereins Die Ruine der alten Herzogsburg gehört seit 1833 zur Markung Owen. 1941 erwarb der Schwäbische Albverein das Burggelände vom Staat und ersetzte in den fünfziger Jahren den für das Bild des Berges charakteristisch gewordenen Aussichtsturm und die »Mörikehalle« durch Neubauten. Unterhalb der Ruine das Sibyllenloch. Der Blick geht nach Nordosten und findet am Horizont die drei »Kaiserberge«. Nach rechts: Bissingen a. d. Teck, Weilheim mit der Limburg und der Albanstieg beim Aichelberg. Das offene, waldreiche Land zur Linken gehört der Lenninger Lauter und dem Neckar.

45. Teck bei Sonnenuntergang Das Schiller-Nationalmuseum zu Marbach verwahrt ein Urlaubsgesuch Eduard Mörikes vom 23. Dezember 1824, in dem er um Erlaubnis für eine »Excursion nach Kirchheim und auf die Teck« bittet. Sein Gedicht »Auf der Teck« widerspiegelt sein Erlebnis:

Hier ist Freude, hier ist Lust,
Wie ich nie empfunden!
Hier muß eine Menschenbrust
Ganz und gar gesunden!
Laß denn, o Herz, der Qual
Froh dich entbinden,
Wirf sie ins tiefste Tal,
Gib sie den Winden!

46. Fossiliensammler bei Holzmaden Juraversteinerungen, Leitfossilien aus den Ablagerungsstufen der Alb oder gar Reptilien in den Posidonienschiefern von Holzmaden zu finden, ist der Wochenendwunsch unzähliger unbekannter Sammler. Das Gebiet von Holzmaden ist Versteinerungsschutzgebiet. Eine vortreffliche Einführung in die Fossilien der Alb gibt das Naturkundliche Museum in Göppingen-Jebenhausen.

47. Museum Hauff in Holzmaden, Seelilienkolonie auf Treibholz Das weltberühmte Museum, das der Sammler und Präparator Bernhard Hauff begründete, ist die bedeutendste und schönste Sammlung von versteinerten Lebewesen des Jurameers. Sie entstammen dem vor 130 bis 140 Millionen Jahren abgelagerten Posidonienschiefer. Die bis zu zwei Meter langen Seelilien (Pentracrinus) sind Angehörige des Stammes der Stachelhäuter (Echinodermen). Unsere im Original 112x168 cm große Holzmadener Platte zeigt einen kohligen Stamm, von dem die Tiere an langen Stielen ausstreben, um ihren mächtigen Kronen Raum bei der Nahrungsaufnahme zu geben. Rings um den Kelch jeder Krone flimmert ein Kranz zierlicher Fiederarme, mit denen das Tier die mikroskopisch kleine Nahrung (Plankton) festhielt. Die Lebensweise der Seelilien ist noch weithin ungeklärt, auch der Tierreichtum gerade der Gegend von Holzmaden ist nicht enträtselt.

48. Oberlenningen, Kirche St. Martin Der Hauptort des oberen Lautertals unter der Burg Wielandstein (um 1200), einer auf scharfem Grat postierten Folge von fünf spitzen befestigten Felsköpfen mit den Resten dreier Burgteile, besitzt in der Martinskirche eine romanische Säulenbasilika wohl des 11. Jahrhunderts. Der einfache Bau erfuhr manche Veränderung. Das spätgotische Chorgestühl hat Büsten des Blaubeurer Meisters Jörg Fieglin (1513), die Wandgemälde gehören dem 15. und 16. Jahrhundert zu.

49. Weilheim an der Teck, Pfarrkirche St. Peter, Detail aus dem Jüngsten Gericht Als Bauwerk, vor allem aber ihrer fast vollständig erhaltenen Ausstattung und ihrer Wandmalereien wegen zählt die spätgotische Kirche zu den bemerkenswertesten Kunstdenkmälern des Landes. 400 Jahre nach der Gründung der zähringischen Vorgängerkirche (1089) wurde sie 1489 von den Grafen von Aichelberg gestiftet und von dem Uracher Baumeister Peter von Koblenz als Hallenkirche mit vorzüglichen Gewölbemustern errichtet. Ihre bildhauerischen Arbeiten stammen von Christoph von Urach, ihre Wandmalereien von Thomas Schick aus Kirchheim. Das Detail aus dem Jüngsten Gericht zeigt ihn als einen Meister ulmischer Tradition.

50./51. Das Randecker Maar Die Landesstelle für Naturschutz und Landschaftspflege charakterisiert dieses einzigartige geologische Naturdenkmal als »eines der am besten erhaltenen Maare (Vulkanembryo) der mittleren Alb mit einem Durchmesser von 1,2 km und einer Tiefe von etwa 60 m. Bildung eines Süßwassersees durch den aus der Tiefe aufgestiegenen wasserstauenden Basalt. Ursprünglich Entwässerung über einen Zweig der Ur-Lone zur Donau, heute durch den Zipfelbach, der durch rückwärtsschreitende Erosion in den nördlichen Maarrand eine Schlucht gegraben hat. Die schiefrigen, blättrigen Ablagerungen des einstigen Sees bergen gut erhaltene Fossilien einer sarmatischen Flora und Fauna.« Die Luftaufnahme zeigt dank der Schneereste deutlich den Rand des Maars im Vordergrund. Rechts von ihm Ochsenwang, bekannt durch Mörikes Aufenthalt. Darüber zum oberen Bildrand hin das Tal der Lenninger Lauter, das die ganze Bildbreite durchzieht. Jenseits des Tals die Ruine Hohenneuffen (743 m), die sich von der Dunstgrenze des Albrands abhebt. Der kegelförmige Berg in der obersten Bildmitte ist die Achalm (707 m) bei Reutlingen, ein Weißjura-Ausliegerberg.

52./53. Kirschblüte im Neidlinger Tal Einer Lämmerherde gleich umlagern die blühenden Bäume den Pfropfenberg der Limburg (598 m), an dessen Abhang noch einige Hektar Rebgarten die Gunst der Sonne bezeugen. Auf dem Kegel erbaute Berthold I. von Zähringen die in Resten noch erhaltene Limburg und verlegte seinen Sitz um 1060 von Weilheim auf den Berg. Zum Feind Kaiser Heinrichs IV. geworden, erlebte er die Zerstörung Weilheims und des schönen Umlandes seiner »Lintpurg«. Er starb in geistiger Umnachtung 1078. Trotz des großen Namens der Zähringer hat die Burg keine geschichtliche Rolle gespielt.

54. Randecker Maar mit Schafweide Im Hintergrund die kegelförmige Limburg über Weilheim. Die Erhaltung der Wacholderheiden der Alb ist auf eine starke Beweidung angewiesen, Mähaktionen bringen keinen Dauererfolg. In den kalkreichen, niederschlagsärmeren Gebieten und auf den verkarsteten Kalkhochflächen der Alb findet die Schafzucht optimale Bedingungen, zumal wenn steinige Buckel, Hutungen und Ödland noch nicht umgebrochen und aufgeforstet sind. Gutsschäferei und Wanderschäferei gehören daher zum Bild der Alb, das reiche Brauchgut der Schäferzünfte und Schäferbruderschaften (Wildberg, Urach, Heidenheim) und das Liedgut des Schäferstandes ist wesentlicher Bestandteil ihres Kulturbildes. Der starke Rückgang der Schäferei hat vor allem für die Erhaltung der Wacholderheiden Schutz- und Pflegeprobleme gebracht.

55. Reußenstein, Palas Der Reußenstein wurde im ausgehenden 13. Jahrhundert von teckischen Ministerialen aus Kirchheim erbaut und bildete den östlichsten Vorposten der Herrschaft Teck nahe beim helfensteinischen Wiesensteig. 1461 kam die Burg an die Grafen von Helfenstein, 1642 im Erbgang an Bayern, wurde bald danach verlassen und verfiel. 1966 sicherte der Landkreis Nürtingen die für das Landschaftsbild gesichtsprägende Ruine durch denkmalpflegerisch überwachte Erhaltungsarbeiten. Der Palas stammt aus dem 15. Jahrhundert.

56. Ruine Reußenstein über dem Neidlinger Tal 760 m hoch sitzen die Mauern der Burg auf dem Felsenriff, die Position macht sie zu einer der schönsten der Alb. Palas und hochgelegener Bergfried haben ihr landschaftliches Gegenüber (nicht im Bild) in den Schwammstotzen des Heimensteins; im Riesen Heim vom Heimenstein erblicken Sage und Gustav Schwabs Gedicht den Erbauer der Burg Reußenstein.

57. Römersteinturm Nahe bei Donnstetten, dem römischen Clarenna, bezeichnet die flache, nur wenig über die Albhochfläche ragende Waldkuppe des Römersteins die höchste Erhebung der mittleren Alb (874 m). Grund genug, die Kuppe mit einem originellen Albvereinsturm (1912) auszuzeichnen. Der Blick vom Turm nach Westen umgreift die von den Neckarzuflüssen zerschnittenen Berghalbinseln der Traufseite, nach Süden das Hügelhochland der Laichinger, Blaubeurer und Münsinger Alb und an klaren Tagen den fernen Alpenkamm.

58. Ruine Rauber Der schattige Rastplatz, den die Umfassungsmauern der Burgruine Rauber schützen, sitzt auf einem schmalen Felsgrat südlich von Bissingen an der Teck. Die Burg hieß bis ins 16. Jahrhundert Unterdiepoldsburg und bildete mit der oberen Diepoldsburg über sich (782 m) das Burgendreieck Teck–Diepoldsburg–Hahnenkamm, das den Albaufstieg nach Ochsenwang schützte, – im Interesse der württembergischen Grafen, wie sich beinahe von selbst versteht, denn diese behielten sich für den Eventualfall das Öffnungsrecht vor.

59. Ruine Sulzburg Mitten im Tal überrascht links der Lenninger Lauter ein Vulkanembryo, dessen Basalttuffkegel die Ruine Sulzburg (492 m) trägt. Der Name bezeichnet morastigen Boden, die Bedeutung der Burg beschränkte sich auf die Unterlenninger Markung. Noch 1700 bewohnt, diente die Ruine zwar lange als Steinbruch, doch blieb von der Hauptburg und der Schildmauer (mit eingebrochenem Rundbogentor) viel trefflich gesichertes Gemäuer erhalten. Der Albverein und der frühere Landkreis Nürtingen sorgten für die Konservierung.

60. Blick auf Lenningen Das Gesicht der Papierfabrik Scheufelen ist ein Beispiel dafür, wie auch große Werksanlagen vorbildlich in das Landschaftsbild eingegliedert werden können. Was in Oberlenningen in drei Generationen entstanden ist, zeugt von unternehmerischer Pionierarbeit und von ständigem Fortschritt. Selten wächst ein Industrieunternehmen dieser Größe so harmonisch mit der Landschaft zusammen, wie es hier geglückt ist.

61. Felsen im Lenninger Tal An den Steilhängen der Alb von einem fast gleich breiten Laubwaldband eingefaßt, lockt das Lenninger Tal mit kühnen Felskanzeln wie Schroffelfels, Betzenjörgfels, Friedrichsfels auf die verkarsteten Höhen. Die Abbruch- und Abrieselungshänge der Talwände, die Milde des windgeschützten Tals, schöne Weidelandschaften und die Nähe von Höhlen und geologischen Sehenswürdigkeiten machen das Tal der Lenninger Lauter zu einer bevorzugten Albschleuse für Besucher aus dem Stuttgarter Ballungsraum.

62. Falkensteiner Höhle Die durch Weinlands Roman »Rulaman« besonders volkstümlich gewordene Karsthöhle liegt mit ihrem Eingangstor 571 m hoch bei Grabenstetten. Sie ist auf 3 km Länge erforscht und stellt eine von kleinen »Seen« durchsetzte jüngere Höhle dar, in der die Elsach aus mehreren Quellen entspringt. Da die Erosion das Quellwasser zu tieferen Austrittstellen hinabfinden ließ, tritt die Elsach heute nur in »Hungerbrunnnen«-Jahren durch die Höhlenöffnung zutage, wenn die Wassermassen von Schneeschmelze oder außerordentlichem Regen sie dazu zwingen. Infolge ihres Wasserreichtums konnte die Höhle für »Rulamans« Altmenschen kaum eine Rolle spielen, Strudellöcher, Deckenbrüche und Höhlenlehm machen ihre Begehung gefährlich.

63. Erkenbrechtsweiler, ein Ort der Albhochfläche Der auf der Alb als Kaninchenfutter und Heilmittel einst geschätzte Löwenzahn ist auch mit den flachgründigen Lehmböden zufrieden, die ihm die steil ins Neuffener, Beurener und Lenninger Tal abfallende Trauflage der Gemarkung anbietet, die scharf gehenden Winde kommen seiner Verbreitung sehr zustatten. Der Mangel an Bäumen deutet auf ein rauhes Klima und die jahrhundertelange »Ausräumung«. Die landwirtschaftliche Nutzfläche ist aufgesplittert, so daß von den Erwerbspersonen fast drei Viertel in die Industrieplätze Oberlenningen, Unterlenningen, Kirchheim und Owen pendeln, die Landwirtschaft besorgen Frauen und Kinder. Erkenbrechtsweilers Orts- und Arbeitsbild ist darin typisch für viele andere auf der Albhochfläche. Die Besonderheit des Ortes liegt in seiner Lage vor einer rund 730 m hohen Berghalbinsel, deren engen Hals zur Baßgeige hin ein keltischer »Heidengraben« abschnürt. An Rainen und auf mageren Heideresten sind noch Wildhecken und Baumgruppen vorhanden, wie sie für eine echte, jedoch im Schwinden begriffene Alblandschaft charakteristisch sind.

64. Burgruine Hohenneuffen Blick auf Hörnle und Achalm. Der Ausblick über das Neuffener Tal hinweg zum Hörnle mit seinem riesigen Steinbruch (705), zum Jusi (673 m) und fernhin zur Achalm umgreift ein für das Industrieland am Fuß der Alb wichtiges Naherholungsgebiet. Der Steinbruch, der die ganze Nordseite des Hörnle aufreißt und zum Bergkamm vorstoßend die Gestalt des Berges zu zerstören droht, ist seit langem ein landschaftsschützerisches Problem. Auch der Jusiberg ist mit dem Albrand durch einen Grat, der die Wasserscheide zwischen Ermstal und Neuffener Tal bildet, verbunden. Der Wanderweg Metzingen–Neuffen wurde »Gustav-Ströhmfeld-Weg« benannt, um den 1938 verstorbenen Schöpfer des Albvereinswegenetzes zu ehren. Die Sperrmauer vor dem großzügigen Bild der Alblandschaft erinnert daran, daß der Hohenneuffen seit dem 15. Jahrhundert zugleich als württembergisches Staatsgefängnis diente.

65. Blick auf den Hohenneuffen Die »Standardaufnahme« vom Steinbruch aus zeigt die charakteristische Blockhaftigkeit der seit 1301 württembergischen Feste, die zwar mehrmals eingenommen wurde, jedoch bis zum Dreißigjährigen Krieg für die Sicherung der Herrschaft wichtig blieb. Von 1635 an lag nur noch eine kleine Garnison auf ihr, 1801 wurde die Feste geschleift.

66. Pfäler Tal bei Grabenstetten Das Pfäler Tal bezeichnet einen Abschnitt des Elsachtals, das dem keltischen Oppidum den Namen Elsach-Stadt eintrug und ihm den Zugang von Grabenstetten und der Falkensteiner Höhle her zur Erms erlaubte. Die Aufnahme zeigt die Wirkungen der Erosion: eine starke Zertalung, die ein bewegtes Landbild ergibt. Auf den Höhen gewährleisten tiefgründige Böden gute landwirtschaftliche Nutzung, die erodierten Hänge, Zwangsstandorte für Laubwald, tragen stark genutzte Hangwälder, und am Talschluß östlich von Grabenstetten (links) liefert ein Steinbruch hochwertigen Kalkschotter. Die Landkarte nennt dieses stark zertalte Gebiet zwischen Hülben und Böhringen »Vordere Alb«.

67. Der Heidengraben, Verteidigungsanlage einer keltischen Stadt Der Heidengraben, dessen Wall als Diagonale das Bild beherrscht, ist Teil eines vorgeschichtlichen Verteidigungssystems von ungewöhnlichen Dimensionen, die den ganzen Bereich zwischen Erkenbrechtsweiler und Grabenstetten umfaßt. Die Anlage schützte als Kern ein 153 ha großes keltisch-helvetisches Oppidum, das zwischen 120 und 30 v. Chr. bewohnt war. Die bisher bekannten Erdwerke haben eine Länge von über vier Kilometern, sechs Zangentore boten Einlaß in das 1600 ha große Gebiet und in die eigentliche Stadt. Im Hintergrund der Hohenneuffen.

68. Neuffen, Ölberg der St.-Martins-Kirche Weithin ungestört konnte Neuffen sein altertümliches, ringförmig angelegtes Stadtbild behalten. Nesthaft umfaßt von Teilen der Ringmauer und Resten des Grabens, wird es überragt von der evangelischen gotischen Martinskirche (1350). Neben dem frühbarocken Kanzeldeckel (1620) des Nürtinger Kunstschreiners Jörg Reitter besitzt die Kirche einen spätgotischen Ölberg des Aberlin Schech (1504), der wohl in der Werkstatt des Christoph von Urach entstand. Die Realistik der Figuren des Bildausschnitts macht ihre unterschiedlichen Empfindungen ablesbar, interessant ist die genaue Wiedergabe eines Faschinenzauns, wie sie bis vor kurzem noch an und auf der Alb anzutreffen waren.

69. Beuren, Rathaus 1526 erbaut, beherrscht das mit seinem vorkragenden Rathaus mit Krüppelwalmgiebel den Platz vor der gotischen Pfarrkirche St. Nikolaus (um 1410), die wie Neuffen einen spätgotischen Ölberg und einen Palmeselchristus wohl ulmischer Herkunft besitzt. Auf der Giebelseite springt das Obergeschoß über das gemauerte Erdgeschoß vor, es ist auf Ständer gesetzt und bildet die in Schwaben beliebte »Rathaushalle«. Die Windfahne zeigt den Geißbock, Beurens Wappentier, das an den alten, seit 1640 nachweisbaren Ortsnecknamen »Geißbeuren« anknüpft und an die früher stark verbreitete Geißenhaltung erinnert.

70. Nürtingen vor dem Albtrauf Der sechsstöckige Turm der spätgotischen Hallenkirche, die Hans Buss 1506 bis 1509 auf einem Hügel oberhalb des Neckars errichtete, bezeichnet Stadtmitte, Altstadtkern und mittelalterliche Geschichte, denn um die Wehrkirche St. Laurentius kämpfte der Graf von Württemberg schon 1288 gegen den vom Herzog von Teck herbeigerufenen Rudolf von Habsburg. Die Stadt ist eine württembergische Gründung (1299–1330), Stadtbrände löschten viele alte Züge aus. Das Nürtinger Schloß war bevorzugter herzoglicher Witwensitz, das Spital, eine städtische Gründung, reichstes Spital der Grafschaft. Zu den Schülern der im 18. Jahrhundert auch als Schulstadt gerühmten Amtsstadt gehörten Friedrich Hölderlin (1770–1843) und Friedrich Schelling (1775–1854), für Eduard Mörike (1804–1875) wurden Nürtingen und seine Nachbargemeinden Owen, Ochsenwang und Weilheim zur zweiten Heimat.

Uracher und Münsinger Alb

71. Hohenurach Ein Stich im Uracher Stadtschloß überliefert den Anblick der »Bergveste Hohenurach« mitsamt der zu ihren Füßen liegenden Stadt um 1690. Das Bild könnte nicht stolzer sein. Es erinnert an den ersten Geschichtsabschnitt der Burg, als sie Sitz der durch Heirat begütert gwordenen Grafen von Urach war (bis 1264). Es gemahnt erst recht an ihre zweite Periode, in der sie von Herzog Ulrich weitläufig ausgebaut (1534) wurde, um später als Staatsgefängnis zu dienen; der Tübinger Humanist und Dichter Nikodemus Frischlin war ihr berühmtester Gefangener. So erstaunt es, daß ein württembergischer Herzog die Order gab, sie abzubrechen: Karl Eugen, 1767. Er brauchte die Steine für sein Jagdschloß Grafeneck, seine zweite Solitude. Im Tal hinter der Ruine ist Dettingen an der Erms erkennbar, dessen Hausberg Calver Bühl (509 m) ein Vulkanembryo ist. Im Hintergrund der Jusi (663 m).

72. Urach, Goldener Saal im Schloß Das Uracher Stadtschloß wurde in einfachen Formen 1443 erbaut und erhielt 1474 Gewölbe in der vierschiffigen Dürnitz sowie den Goldenen Saal im Obergeschoß. Obwohl um 1610 verändert, gilt der Saal als einziger stilechter Festraum eines württembergischen Landschlosses vom Ende des Mittelalters. Vier korinthische Säulen tragen die 3,5 m hohe Balkendecke des 16 m langen und 12 m breiten Saals. Durch die Auflösung seiner drei Außenwände in Fensterfronten entsteht ein heiterer Eindruck »wie in einer Sommerlaube«, den die lichte Bemalung noch steigert. Im Schloß: Dokumentation zu Geschichte und Leistung des Schwäbischen Albvereins.

73. Urach, Rathaus mit Marktbrunnen Das Fachwerkhaus wurde Mitte des 15. Jahrhunderts gebaut und 1562 erhöht. Es stellt das bürgerliche Hauptstück eines an Fachwerkbauten noch reichen alten Städtchens dar. Bedeutendstes Kunstziel Urachs ist die Amanduskirche. Sie wurde als Stiftung des Grafen Eberhard im Bart 1479 bis 1499 von Peter von Koblenz gebaut. Die spätgotische Basilika besitzt an herausragenden Kunstwerken den holzgeschnitzten Betstuhl des Grafen Eberhard (1472), einen Taufstein des Christoph von Urach (1518) und Glasfenster von Peter Hemmel von Andlau (1481). Den Marktbrunnen führten Christoph von Urach und Martin Hillenbrant um 1500 nach einem mutmaßlichen Entwurf von Peter von Koblenz aus, das Original befindet sich im Landesmuseum.

74. Seeburger Tal, Blick von der Ruine Hohenwittlingen Das obere Ermstal, von Urach an Seeburger Tal geheißen, ist begleitet von Waldwänden, die in einem Zug bis zu 250 m ansteigen und einander immer näher rücken. Kalktuff, den die Erms ausgeschieden hat, bedeckt mit stufenartigen Ausbildungen die wiesengrüne Talsohle, die sich von Urach bis Seeburg vom »Grünen Weg« begleiten läßt. Von schroffen Felsen blickt die Ruine Hohenwittlingen (677 m) ins Tal. Seit 1251 württembergisch, bedeutete sie für die Grafen von Württemberg einen Hauptstützpunkt, als die Reichsstädte und König Heinrich VII. sich ihrem hausmachtpolitischen Ehrgeiz mit einem »Reichskrieg« (1310) in den Weg stellten. 1548 war die Burg Zufluchtsort des Reformators Johannes Brenz, 1576 suchte sie ein Brand heim, nach dem Dreißigjährigen Krieg verfiel sie.

75. Uracher Wasserfall Die lebhafte Gestaltung der Landschaft, die mächtige Gruppe der Rutschenfelsen, das satte Grün der Talwiesen und die Buchenwälder machen den Uracher Wasserfall zum schönsten der Alb. Der Brühlbach, der ihn speist, hat mit seinen Kalktuffablagerungen die 35 m hohe Tuffsteinwand gebildet, über die er nun abstürzt, um mit schäumenden Wassern neuerliche Tuffablagerungen aufzubauen. Die Kalktuffbildung ist ein besonderes Merkmal des oberen Ermstals. Sie wurde von kleinen Wasserfällen ausgelöst und setzte sich, Kalktuffbarren oder Terrassen bildend, flußabwärts fort. Das Naturschutzgebiet »Nägelesfels« auf der östlichen Talseite oberhalb Urach ist ein Laubwaldschutzgebiet mit Zeugnissen trockener Standorte: Steppenheidewald mit Flaumeichen.

76. Metzingen, Markt bei den sieben Keltern Die Gewerbe- und Industriestadt Metzingen breitet sich im Ermstal zu Füßen der Basalttuffhöhen des Metzinger

Weinbergs (488 m) und des Florian (522 m) aus, ihr eindrucksvollstes, im ganzen Land bekanntes Baudenkmal sind die sieben alten Keltern auf dem schon 1283 beurkundeten Kelterplatz. Die ältesten Keltern entstammen dem 15., die jüngeren dem 17. Jahrhundert – kostbare Dokumente vergangenen Lebens, das dem Weinbau ein Gutteil seiner Existenz verdankte. Trotz starken Rückgangs bildet das Weinbaugebiet Metzingen–Neuhausen das größte zusammenhängende Rebland in Südwürttemberg. Ein besonderes Kulturdokument aus der Geschichte des Weinbaus besitzt das Reutlinger Heimatmuseum in der Zunftstube der Weingärtner, in der sich auch eines der seltenen büttentragenden »Rebmännle« oder »Urbänle« befindet.

77. Das Metzinger Rathaus Der dreigeschossige Bau wurde 1562 errichtet, 1628 hat ihn der Stuttgarter Landbaumeister Heinrich Schickhardt erneuert, doch seine geschnitzte Zier in Neu-Renaissance-Formen verdankt er erst dem Jahr 1913. Ein Rokoko-Marktbrunnen (1758) und vor allem die durch Grabungen wohl als Urkirche der Gegend gesicherte dreischiffige Martinskirche (um 1500) sind weitere Sehenswürdigkeiten des im Dreißigjährigen Krieg durch zwei Großbrände heimgesuchten Ortes.

78. Acker auf der Münsinger Alb Flachgründige und steinige Kalksteinverwitterungsböden, die das Wasser rasch versickern lassen, und daneben aus Zementmergeln hervorgegangene Böden mit hohem Tongehalt, die undurchlässiger sind, dazu ein weitgehend kontinentales Klima mit kurzen Sommern und langen Wintern kennzeichnen die Münsinger Alb. Böden und Klima machen an vielen Orten das Bauernjahr nicht leicht. So hat seit Jahrhunderten die Wanderschäferei auf der Münsinger Alb und dem Heuberg ihre Zentren. Sich zur Standschäferei umbildend, kommt ihr im Rahmen des Albplans heute in landschaftserhaltender Hinsicht erhöhte Bedeutung für die Wacholderheiden zu.

79. Die Hüle in Lonsingen Der Ort liegt auf der »Hinteren Alb«, die das Erms- und Seeburger Tal sowie die Straße Urach–Münsingen begleitet. Rings um ihn verweisen die Ortsnamen mit der Endung -ingen auf frühe alamannische Besiedlung, Orte mit den Endsilben -stetten auf alte Ausbauorte. Das mag auf der wasserarmen Alb erstaunen, doch weisen die vielen Grabhügel der Gegend eine bereits tausend Jahre ältere Besiedlung aus. Das Zeichen des einstigen Wassermangels der Alb ist die »Hüle« oder »Hülbe«, eine lehmverstrichene oder durch wasserhaltenden Basalttuff naturbegünstigte Grube zum Auffangen des »Kandelwassers«. Die Hüle lieferte vor allem Wasser für das Vieh und für den Brandfall.

80. Freske aus Gruorn im Heimatmuseum Münsingen Als 1938 das Dorf Gruorn im Gutsbezirk Münsingen in einen Truppenübungsplatz einbezogen wurde, wurden die Wandmalereien der Kirche abgenommen und kamen ins Heimatmuseum Münsingen, wo sich auch die bedeutenden Wandmalereien aus Münzdorf/Stadt Hayingen befinden. Die Fresken stammen aus dem 14. Jahrhundert. Das Münsinger Gebiet ist erstaunlich reich an Wandmalereien, die zum großen Teil in jüngster Zeit freigelegt wurden. Das Münsinger Heimatmuseum befindet sich im Schloß Münsingen. In ihm wurde 1482 der landesgeschichtlich wichtige »Münsinger Vertrag« abgeschlossen, der die 1442 im Nürtinger Vertrag vereinbarte Teilung der Grafschaft Württemberg aufhob. Durch den Nürtinger Vertrag war Urach zur Residenz des südlichen Landesteils geworden, der Münsinger Vertrag machte Stuttgart zur gemeinsamen Landeshauptstadt.

Ulmer Alb

81. Ulm, Rathaus mit Blick auf das Münster Als »Hulma« 854 erstmals urkundlich erwähnt, entstand Ulm als königliche Pfalz auf dem Weinhofhügel südwestlich (links) vom Rathaus. Nach deren Zerstörung im Jahre 1134 entwickelte sich eine Marktsiedlung, der Friedrich I. Barbarossa das Stadtrecht verlieh. Bis 1802 blieb Ulm freie Reichsstadt. Das zum ältesten Stadtkern gehörende Rathaus ist eines der schönsten Bauwerke der Stadt, die Aufnahme zeigt es von Südosten, wo der älteste Bauteil um 1270 als Neues Kaufhaus mit einer Kaufhalle im zweiten Obergeschoß errichtet wurde. Um 1420 wurde von dieser Kaufhalle die mit Prachtfenstern ausgezeichnete Ratsstube abgeteilt. Um 1540 wurde das Rathaus erweitert, neugestaltet und bemalt, die starke Beschädigung während des Zweiten Weltkriegs machte durchgreifende Wiederherstellungsarbeiten nötig. Bei der Abwehr der fürstlichen Territorialansprüche, nicht zuletzt der Grafen von Württemberg, übernahm Ulm die Führung der reichsstädtischen Bünde, für die mittelalterlichen Verkehrslinien und die Gewerbe der Schwäbischen Alb stellte es einen Haftpunkt und Umschlagsplatz erster Ordnung dar.

82. Ulm, Fischerboote auf der Blau Die von Blaubeuren der Donau zustrebende Blau versorgte Alt-Ulms Mühlen mit Wasserkraft. Als Kleine Blau und Große Blau gliedert sie mit Hilfe künstlicher kleiner Kanäle das Fischerviertel in zahlreiche, durch Brücken untereinander verbundene Inselchen auf, so daß der Volksmund diesen Donaubereich als »Klein-Venedig« bezeichnet. Von 1570 bis 1972 besaß Ulm eine eigene Schiffbauwerkstätte, deren Zillen Bausteine von der Alb (Heidenheim, Blautal) bis nach Wien beförderten. Unzählige Auswanderer der Albdörfer kamen im 18. Jahrhundert mit Ulmer Zillen als Siedler in die habsburgischen Donaulande.

83. Ulm, Blick aus der Fischergasse zum Münster 1377 krönte Ulm das erfolgreichste Jahrhundert seiner Stadtgeschichte mit der Grundsteinlegung für eine neue Pfarrkirche, deren 161 m hoher Westturm zum Wahrzeichen Ulms geworden ist. Die ersten Baumeister waren die Parler aus Schwäbisch Gmünd. 400 Jahre lang überragte der Bau im Zustand von 1543 als Torso die Stadt. 1843 bis 1890 führte die Neue Münsterbauhütte das gewaltige Werk zu Ende. Das bedeutendste Ausstattungsstück des Münsters ist das spätgotische Chorgestühl von Jörg Syrlin d. Ä. (1468–1474). Die im Zeichen des Münsterbaus entstandene Ulmer Schule hat zwischen 1430 und 1530 viele Kirchen der Schwäbischen Alb mit Flügelaltären und Schnitzfiguren ausgestattet.

84. Schloß Erbach Zwischen Donau, Schmiech, Blau und Ach bildet das Hochsträß die Übergangslandschaft von der Albtafel zur Donauniederung, zum oberschwäbischen Moränenland. Das wellige Gebiet ist durch viele Grabhügelfelder als altes Siedlungsland ausgewiesen, für die Römer und das hohe Mittelalter bedeutete es vor allem eine Ost-West-Verbindung mit guten Höhenwegen. Wo vom Käppelesberg herab das breit ausgeräumte Donautal und der Einmündungsbereich oberschwäbischer Zuflüsse weithin zu überschauen ist, hat sich Schloß Erbach postiert. Es hat seit dem 13. Jahrhundert häufig den Herrn gewechselt. Das heutige Schloß wurde gegen 1550 errichtet, ein Teil des Bauwerks ist Museum.

85. Der Blautopf in Blaubeuren Er ist, vornehmlich durch Eduard Mörikes »Schöne Lau«, zum populärsten Quelltopf der Alb geworden, berühmt durch seine häufig blaugrüne Farbe, seine Klarheit und die Kraft seiner Quellschüttung, die seit eh und je wirtschaftlich genützt wurde. Der Blautopf ist eine Karstquelle. Er entzieht einem Gebiet von rund 180 qkm der Blaubeurer und der Laichinger Alb das Sickerwasser, so daß seit 1876 ein Pumpwerk der Albwasserversorgung Grundwasser des Albtopfbereichs von 512 m wieder auf die Suppinger Höhe von 761 m hinaufschaffen muß. Der romantische Platz ist daher der denkbar beste Standort für ein Denkmal, das die Schöpfer der Albwasserversorgung ehrt: Karl und Hermann von Ehmann und Oskar Groß.

86. Blaubeuren, Kloster In den Höhlen der Weißjurafelsen über dem Tal von Ach und Blau, die das vorzeitliche Donaubett nützend das heutige Blaubeuren durchfließen, hinterließ der Mammutjäger seine Spuren. Auf der Höhe der Blaubeurer Alb trägt der »Heidenbühl« das größte Grabhügelfeld des Landes aus der Hallstattzeit. In die Geschichte trat das Blautal ein mit der Gründung des Benediktinerklosters Blaubeuren (um 1080) durch die Grafen von Tübingen. Schon im 12. Jahrhundert entwickelte sich um das Kloster ein Marktort, der 1267 Stadtrecht bekam. 1447 kam das Kloster als österreichisches Lehen an die Grafen von Württemberg. Ulmer Patrizierstiftungen, eine vorzügliche Klosterwirtschaft und gute Äbte machten das 15. Jahrhundert zur Blütezeit des benediktinischen Konvents, der 1466 bis 1510 die heutigen Klostergebäude erhielt. 1536 wurde das Kloster reformiert und als Seminar zu einer der vier Nachwuchsschulen für die evangelische Geistlichkeit Württembergs gemacht. Im Januar 1777 wurden Christian F. D. Schubart, Herausgeber der freiheitlichen »Deutschen Chronik« in Ulm, auf Weisung Herzog Karl Eugens auf das württembergische Klostergebiet gelockt und verhaftet.

87. Der Blaubeurer Altar Der Flügelaltar in der 1491 bis 1499 von Peter von Koblenz erbauten Klosterkirche ist das größte Altarwerk ulmischer Kunst und eines der bedeutendsten Werke der süddeutschen Spätgotik. Sein Hauptmeister war der Ulmer Bildhauer Gregor Erhart, der den Altar 1493/94 aufstellte und selbst die Skulpturen in Schrein und Gesprenge schuf. Die Figuren zeigen zur Seite der Muttergottes Johannes den Täufer und Johannes den Evangelisten, assistiert vom Ordensvater Benedikt und seiner Schwester Scholastika. Im Altaraufsatz: zwölf Apostel mit Jesus, im Gesprenge: der Schmerzensmann mit Maria und Johannes. Die Altargemälde stammen von dem Ulmer Maler Bartholomäus Zeitblom und dem Memminger Bernhard Strigel, das Schnitzwerk wohl von Jörg Syrlin d. J., der auch das meisterliche Chorgestühl (1493) schuf. Die Ausstattung der Kirche macht Blaubeuren zu einem der Zentren altschwäbischer Kunst.

88. Langenau bei Ulm Gleich dem Klosterort Blaubeuren wurde auch das Benediktinerkloster »Nawe« im Geist der Hirsauer Reformbewegung als adliges Eigenkloster gegründet, jedoch 1125 vom »volkreichen« Langenau ins stille Tal von Anhausen bei Heidenheim verlegt. Seine Gründer waren die Pfalzgrafen von Dillingen. Langenau war ein Zentrum der ulmischen »Gäuweberei«, zugleich Marktort. Sein Gegenspieler war auf der Heidenheimer Alb der Marktort Gerstetten, der sich 200 Jahre lang gegen die Ulmer Barchentweberei zur Wehr setzte, weil er in der Baumwolleeinfuhr eine Gefahr für Flachsbau und Schafzucht der Alb erblickte. Langenaus Heimatmuseum, das sich auf das einstige Ulmer Gebiet beschränkt, besitzt eine der stattlichsten Volkskunst- und Volkskunde-Sammlungen Württembergs. Die evangelische Kirche, die 1441 über einer karolingischen Kirche errichtet wurde, wurde 1669 umgebaut und erhielt – Zeichen eines Gesinnungswandels auf künstlerischem Gebiet – eine bedeutende barocke Ausstattung.

Reutlinger Alb

89. Die Achalm mit Pfullingen Die mit ihrem oktogonalen Turmgeschoß stadtbildprägend gewordene spätgotische Martinskirche von Pfullingen bezeichnet den Standort einer Urkirche, die im 7. Jahrhundert als Eigenkirche eines alamannischen Hochadeligen an dem aus dem Echaztal kommenden Heerweg erbaut wurde. Pfullingen gilt als Sitz der Grafen des Pfullichgaus, deren Nachfolger, die Grafen von Achalm, gegen 1030 die Burg auf dem frei vor dem Albtrauf aufragenden Ausliegerberg errichteten. Die Grafen Kuno und Luitpold von Achalm stifteten 1089 das Kloster Zwiefalten. Der Berg trägt Siedlungsspuren vornehmlich der Hallstattzeit (um 1000 v. Chr.).

90./91. Reutlingen mit der Achalm Im Vordergrund das aus dem 13. Jahrhundert stammende Tübinger Tor, daneben das 1966 erbaute neue Rathaus, dessen Geschoßwaben überleiten zur gotischen Stadtkirche St. Marien (Weihe 1343). Rund um die Kirche hochgiebelige, ziegelrote Dächer, gegen die von den Rändern her Fabrikbauten andrängen – man sieht diesem Stadtbild nicht ohne weiteres an, daß es 1945 eine grausame Zerstörung erfuhr, vergleichbar jener von 1726, als ein Brand vier Fünftel der Stadt einäscherte. Unbeeinträchtigt blieb Reutlingens landschaftlicher Rahmen. Die Achalm, der Albtrauf und das ansteigende Vorland bestätigen noch immer Gustav Schwabs Feststellung von 1824: »Anlagen und öffentliche Spaziergänge braucht die Stadt keine, da die ganze Gegend der schönste Garten ist.« Freilich, ein auf die Vorstädte umgreifendes Luftbild zeigte auch das ausufernde Reutlingen: die Industriestadt der rasch gewachsenen Siedlungen, der Hochbauten, der Stadtautobahn und der Fabriken, die um die alten Gerbereien und Textilbetriebe emporgeschossen ist. Reutlingen, eine staufische Stadtgründung, war freie Reichsstadt. Als deren geistlicher Mittelpunkt vereinigt seine Stadtbürgerkirche St. Marien hirsauische, zisterziensische und oberrheinische Traditionen zu einem wohlgegliederten, strengen Gesamtbild, dessen Innenraum als der bedeutendste des Neckargebiets aus dem 13. Jahrhundert gilt und dessen 70 m hoher Turm auf das Vorbild des Straßburger Münsters verweist.

92. Albrand bei Reutlingen Das Luftbild entstand bei der Hohen Warte (820 m) auf Südwestkurs, der Blick folgt dem Albtrauf bis zum Hohenzollern. Im Vordergrund die Hintere Alb mit der Eninger Weide und dem Albgut Lindenhof. Mädlesfels (774 m) und der Übersberg mit seinem Segelfluggelände (794 m) folgen. Hinter ihren südwärtigen Nachbarn Urselberg (692 m) rechts und Hochberg (672 m) links verbirgt sich das Echaztal und überläßt dem Fernblick die Höhen von Wanne (699 m) und Schönberg (793 m); die vier letztgenannten Berge bewachen die Einlaßpforte der Echaz nach Pfullingen und Reutlingen. Weiter südwärts verweist der Pfullinger Berg (725 m) zum Albvereins-Wanderheim auf dem Roßberg (869 m) und über die Reutlinger Alb, das Heufeld und das Vorland hinweg zum Hohenzollern. Der Wechsel von bewaldeten Anstiegen und wohlentwickelten Terrassen, von Kuppen, Kegelformen und verebneten Höhen machen die Anziehungskraft des Albtraufs verständlich. Sie findet ihren zeitgemäßen Ausdruck in der besonderen Dichte von Wanderparkplätzen zu beiden Seiten dieses industrienahen Zentralabschnitts der Schwäbischen Albstraße.

93. Nebelhöhle Die vielbesuchte 380 m lange Karsthöhle liegt auf der Kuppenalb bei Genkingen, in ihrer Nähe liegen die Bären- und Karlshöhle bei Erpfingen. Tropfsteinsäulen vor lehmbedeckten Felsterrassen, rundlich ausgekolkte Wand- und Deckenpartien mit jüngerem Tropfsteinschmuck, alte, aufgebrochene, mit jungen Stalagmiten besetzte Sinterkegel, Wandsinter und Sinterbecken gaben der Forschung Einblick in die verschiedenen Phasen der Höhlenbildung und in die lichtferne Pflanzenwelt der Karsthöhlen. Das »Nebelloch« ist seit 1486 bekannt, seit 1924 sind die »Historische Nebelhöhle« und die 1920 entdeckte »Neue Nebelhöhle« elektrisch beleuchtet, 1950 wurde die im Jahr zuvor entdeckte Bärenhöhle zugänglich gemacht.

94./95. Lichtenstein Auf steilem Felsen, 216 m über dem Talkessel der Echaz sitzend, hatte es die Burg Lichtenstein nicht schwer, die Volksphantasie zu beflügeln und die wohl meistkonterfeite Burg des Landes zu werden. Seine heutige Erscheinung erhielt der Lichtenstein von dem Architekten Karl Alexander Heideloff, der die Burg 1840 bis 1842 im Auftrag des Grafen Wilhelm von Württemberg neu erbaute. Sie sollte eine »deutsche Ritterburg im edelsten Stil des Mittelalters« werden, heute werden an ihr »der dokumentarische Wert für die historische Richtung in der frühen Baukunst des 19. Jahrhunderts sowie die künstlerischen Qualitäten immer stärker erkannt und geachtet« (Georg Sigmund Graf Adelmann). Besuchenswert ist die Kunstsammlung des Schlosses. Links: Aussichtspunkt hinab zum Tobel der Echaz.

96. In der Bärenhöhle Die Bärenhöhle sowie die Karlshöhle liegen bei Erpfingen. Die Karlshöhle ist seit 1834 bekannt, wilde »prähistorische Schatzgräberei« hat ihr die Knochen der Höhlenbären geraubt. Um so wichtiger ist die Erhaltung der ursprünglichen Anordnung der Tierfunde in der Bärenhöhle, die erst 1949 entdeckt wurde. Die Tropfsteingebilde der 200 m langen Höhle sind von jugendlicher Frische, ihre Formen von phantastischer Vielfalt.

97. Feriendorf Sonnenmatte-Erpfingen Bei Erpfingen nimmt die zur Donau hin verlaufende Lauchert ihren Anfang; dank seiner natürlichen Reize und überraschenden Zahl von schützenswerten Baudenkmälern und Bautenensembles steht das ganze Laucherttal unter Landschaftsschutz. Das Familienferiendorf »Sonnenmatte« ist ein Werk von Schwaben International, einer »Organisation für Deutsche und ihre Freunde in der Welt«. Die Wahl des Platzes wurde mitbestimmt von der Absicht, einer Landschaft mit kärglicher Landwirtschaft nützliche Impulse zu geben. Ein vergleichbares evangelisches Feriendorf entstand in Gomadingen im oberen

Lautertal auf der Münsinger und bei Tieringen auf der Balinger Alb. Übergemeindliche Zusammenarbeit sucht heute durch das Programm der »Ferien auf dem Bauernhof« den »Freizeitwert der Sonnenalb« zu erschließen, eine Aktion, die mit dem Landschaftsplan Schwäbische Alb zu koordinieren eine langfristige Zukunftsaufgabe darstellt.

98./99. Alblandschaft am Sternberg Der Sternberg-Turm (844 m) in der oberen Bildmitte erleichtert die Orientierung: der Blick geht über den breit gelagerten kegelförmigen Sternberg bei Gomadingen und sein weites unter Landschaftsschutz stehendes Waldgehügel, das der Münsinger Alb zugehört und nach Südosten zu in eine ausgeglichene Hochflächenlandschaft übergeht. Meist trockene Täler durchfurchen das Hügelhochland. Die Lauter, die es zur Donau hin entwässert, schwillt erst an, wenn sie bei Wasserstetten die Klifflinie des miozänen Meeres überschreitet.

100. Der Roßberg im Winter 869 m hoch liegt der Jubiläumsturm des Albverein-Wanderheims Roßberg bei Gönningen, ein Aussichtspunkt, der den Blick nach Nordosten über die Traufseite bis nach Neuffen am linken Bildrand führt. Der Roßberg bildet die nördliche Grenze eines großen Landschaftsschutzgebietes, das zwischen Hechingen, Burladingen und Onstmettingen das Heufeld und einen Teil der Zollernalb erfaßt.

101. Der Kornbühl Reizvoll illustriert die Aufnahme die Bewirtschaftungsweisen, die den Geländeformen des kahlen, runden Kegels (886 m) folgen müssen, um ein Abschwemmen der Krume zu verhindern. Der Kornbühl bei Salmendingen auf dem Heufeld trägt die Wallfahrtskapelle St. Anna (um 1500). Die künstlerisch bedeutsamere Kapelle des Gebiets liegt westlich des Heufelds bei Belsen: die romanische Belsener Kapelle aus der zweiten Hälfte des 12. Jahrhunderts.

102. Trochtelfingen Umgeben von vorgeschichtlichen Grabhügeln der Bronzezeit, ausgewiesen durch eine Römerstraße und durch eine große Markung als eine der ältesten Alamannensiedlungen der mittleren Alb, zählt die kleine Stadt zu den interessantesten Zielen der Kuppenalb. Ihren Kern bildet die vom »Hohen Turm« (nach 1500), einem Teil der alten Ummauerung, zur Seckach hinabgleitende rechte Talseite, die überragt wird vom Werdenbergschen Schloß (Ende 15. Jh.) und der Pfarrkirche St. Martin (um 1320, Schiff 1451). Bedeutend ist der Schatz an gotischen Fresken in St. Martin, in der Hünensteinkapelle (1422) und in der Friedhofskapelle (um 1420). Für die Haidkapelle lieferte Jörg Syrlin d. J. spätgotische Figuren. Die ausführlichste Darstellung der höchst bewegten Geschichte Trochtelfingens gibt der »Albführer II«.

103. Veringendorf, Pfarrkirche, Muttergottes Im mittelalterlichen Kunstbestand der Schwäbischen Alb nimmt die spätgotische Schnitzfigur des 15. und beginnenden 16. Jahrhunderts den ersten Platz ein; die neckarschwäbische, oberschwäbisch-bodenseeische und vor allem die ulmische Kunst belieferten zahlreiche Dorfkirchen und Kapellen. Den weichen Stil der ersten Hälfte des 15. Jahrhunderts repräsentiert die stehende Muttergottes in der Pfarrkirche zu Veringendorf, die herbere Ulmer Schule des ausgehenden 15. Jahrhunderts ist in den Pfarrkirchen von Veringenstadt und Bingen zu finden. Hochgotische Wandmalereien aus der Mitte des 14. Jahrhunderts schmücken die Pfarrkirche von Veringendorf, die Peterskapelle von Veringenstadt besitzt Fresken von Hans und Jakob Strüb von 1515.

104. Tübingen, Rathaus Als Kernstück des wohlgestaltigen Platzraums, der die Mitte der alten Bürgerstadt bildet, entstand 1535 der Fachwerkbau des Rathauses. Mit Fassadenmalerei, Kunstuhr (1511) und Neptunbrunnen (1617) hält der Bau die Mitte zwischen Renaissance-Repräsentation und schwäbischer Leutnähe – ein Marktplatzbau, wie er dem Humanismus der 1477 von Graf Eberhard im Bart gegründeten württembergischen Universitätsstadt gemäß war. Kurz zuvor hatte die mittelalterliche Burg Schloßcharakter erhalten (1507 bis 1515), bollwerkhaft auftrumpfend über der westlichen Neckarseite und ihren Weinlagen, eine Position, zu der die tiefer gelegene Stiftskirche St. Georg (Chor 1470, Langhaushalle ab 1478) mit massigem Dach und stämmigem Westturm das Gegengewicht bildet, eine Art Architekturgleichnis für die Kräfte von Herrschaft, Geistlichkeit und Bürgerschaft, deren Tauziehen langehin charakteristisch war für das Leben Tübingens. Die Neckarseite der Stadt zählt zu den schönsten Aspekten in Württemberg. Für den Besucher der Alb sind die Antikensammlung des Instituts der Universität, das Museum für Geologie und Paläontologie und die vor- und frühgeschichtliche Sammlung im Theodor-Haering-Haus hervorragende Informationsquellen.

Großes Lautertal

105. Marbach: auf der Koppel Der Gestütshof Marbach bei Dapfen ist das älteste und größte der vier württembergischen Landgestüte, die alle auf der Schwäbischen Alb liegen. Ende des 16. Jahrhunderts gegründet, erlebte es seine Blüte unter Herzog Karl Eugen (1766 wurden 110 Mutterstuten und 73 Fohlen gehalten). Das Haupt- und Landgestüt Marbach versorgt heute mit seinen rund 100 Hengsten etwa 45 Beschälstationen des Landes Baden-Württemberg, das eigentliche Zuchtgeschehen vollzieht sich in der Marbacher Stutenherde, die rund 60 Mutterstuten (Württemberger) und 18 Vollblutaraberstuten umfaßt. Der Marbach benachbarte Gestütshof Offenhausen liegt bei Gomadingen am Fuß des Sternbergs. Er ging aus einer ehemaligen Dominikanerinnenabtei hervor, deren Klostermauer noch vollständig erhalten ist. In Offenhausen befindet sich die Hengstaufzuchtstation »Im Hau« mit rund 100 ein- bis zweijährigen Hengsten, in den hohen Klosterställen stehen 40 Zuchthengste. Die anderen Gestütshöfe liegen in nahem Umkreis.

106. Buttenhausen, Jüdischer Friedhof Unterhalb der im Hintergrund erkennbaren Kirche quert der alte »Heerweg« die Lauter. Der Ort kam 1782 an Philipp Friedrich von Liebenstein, der 1787 wie zuvor in Jebenhausen bei Göppingen eine Judenansiedlung ermöglichte. Der Friedhof am Hang rechts der Lauter gilt dem Gedächtnis der im Dritten Reich ausgetilgten Judenansiedlungen. Die Wacholderheide am gegenüberliegenden Hang zählt zu den schönsten der Schwäbischen Alb.

107. Die Feste Hohenhundersingen Sie entstand als fränkische Zwingburg im Auftrag der Munigiseshuntare. Die fränkische Herrschaft über die alamannischen Edlen beschränkte sich zur Zeit der Merowingerkönige noch auf eine lockere Oberhoheit. Der Zentralismus der Karolinger führte jedoch zu einer Auseinandersetzung mit dem alamannischen Adel, der 746 im »Cannstatter Blutbad« gewaltsam dezimiert wurde. Zum Zweck der »Durchfrankung« des alamannischen Gebietes führten die Karolinger auch auf der Alb ihre fränkische Grafschaftsverfassung ein und teilten die gräflichen Gaue in Unterbezirke, sog. Huntare. Hauptort der Munigiseshuntare war Münsingen. Von Münsingen aus erfolgte der fränkische Landausbau in Richtung Hundersingen und Gundelfingen. Die Burg Niedergundelfingen entstand dabei als adlige »Fluchtburg«, der Ort als Burgweiler. Da für das ältere Münsinger Zentrum im 8. Jahrhundert keine Zeugnisse der Zentralität gefunden wurden, wird Hundersingen als das Zentrum der Munigiseshuntare um 700 angesehen; ein Hochadelsgrab bestätigte die Annahme.

108. Hohengundelfingen Der Bergfried zeigt Buckelquader, Zeichen der staufischen Zeit (um 1130). Gegen die Talseite von einer Mauer gefaßt, nützte der Zwinger geschickt die natürlichen Türme der Felsen. Die Burg, nahe der bewaldeten Geländestufe der tertiären Klifflinie gelegen, wechselte die Herren vielfach, ebenso wie die noch ältere Feste Niedergundelfingen auf einem Umlaufberg, in dem man eine frühmittelalterliche Fluchtburg des fränkischen Huntarenadels von Hundersingen erblickt. Gundelfingens Wanderwahrzeichen ist der »Spitzige Stein«, eine beliebte Kletterernadel. Den Vorgeschichtler interessieren die »Naturlöcher« jungsteinzeitlicher Höhlenbewohner.

109. Bichishausen Zwingermauern und ein Hauptbau mit starker Schildmauer erinnern an das beginnende 14. Jahrhundert, als die Herrschaft derer von Gundelfingen an andere Herren überging, um schließlich helfensteinisch zu werden. Der Blick erfaßt die Galluskirche und das von maßvollen Höhen gesäumte Tal der Lauter. Das Tal ist mit einer dicken Kalktuffschicht bedeckt, in die sich die Lauter eingrub.

110. Anhausen (Stadt Hayingen), mit der Schülzburg Noch 1825 konnte eine Lithographie die gotische Burg im Zustand des 16. Jahrhunderts zeigen, 1884 brannte die Anlage aus.

111. Indelhausen (Stadt Hayingen), Rathaus Der Fachwerkbau wurde zu Beginn des 16. Jahrhunderts errichtet. Er zeichnet sich aus durch ein ausgewogenes Maß in den Hauptformen und in den Abmessungen der Hölzer und der Holzmengen pro Geschoß. Unter den Orten des Gebiets besitzen Münsingen, Trochtelfingen und Hayingen treffliche Fachwerkbauten. Hayingens Fachwerkrathaus ist mit zwei Erkern besetzt und stammt aus dem 17. Jahrhundert, ebenso alt ist Münsingens Fachwerkrathaus, das offene Erdgeschoßarkaden aufweist.

112. Burg Derneck, Stadt Hayingen Bauten des 17. Jahrhunderts (Jägerhaus) und Wirtschaftsgebäude, die einem Wanderheim des Albvereins als Stützpunkt dienen, bestimmen das Bild. Links eine mächtige spätgotische Schildmauer mit schmalem Innenraum und angebautem halbrundem Flankenturm. Auch Burg Derneck wurde von den Herren von Gundelfingen errichtet, die das windungsreiche untere Lautertal zwischen Gundelfingen und Anhausen zu einem vorzüglich bewachten kleinen Burgennesterterritorium machten. 1546 starb das Geschlecht aus, seine Nachfolger auf Derneck wurden die Grafen von Helfenstein und 1627 die Grafen von Fürstenberg.

113. Zwiefalten, Klosterkirche Von 1109 bis 1739 tat die romanische Basilika ihren Dienst, dann forderte der barocke »Bauwurmb« auch vom Benediktinerkloster Zwiefalten seinen Tribut. Er erhielt ihn zunächst 1668 bis 1690 in neuen Konventbauten und 1739 bis 1765 schließlich in der »spätesten und zugleich großartigsten klosterzeitlichen Baumaßnahme«: dem Bau der Kirche. Die Zwiefalter Kirche entstand in ihrer letztgültigen Gestalt nach Plänen von Johann Michael Fischer und zeigt eine »wahrhaft grandiose Raumfolge voll malerischen Lebens« (Dehio). Indem Fischer auch den Querraum melodisch in die Tiefenbewegung der Raumfolge hineinzog, dynamisierte und rhythmisierte er diese in unerhörter Weise. Nur noch Balthasar Neumanns Bau in Neresheim gelang eine vergleichbare, noch freiere Raummusik. Die Stuckierung ist ein Werk des Rokokomeisters Johann Michael Feuchtmayer, die Freskomalerei stammt von Joseph Spiegler aus Wangen, das Chorgestühl von Joseph Christian aus Riedlingen und Martin Hermann aus Villingen. Eine große Zahl namhafter Meister gruppierte sich um diese Hauptverantwortlichen für eines der größten Gesamtkunstwerke des süddeutschen Barock.

114./115. Zwiefalten, ehemaliges Benediktinerkloster 1089 von den Grafen von Achalm gestiftet, gehört das Benediktinerkloster Zwiefalten zu den im Geiste des Reformklosters Hirsau entstandenen Klostergründungen, die zur Zeit des Investiturstreits zwischen Kaisertum und Papsttum zu Schwerpunkten geistlichen und kulturellen Lebens in Schwaben wurden. Der Geschichtsschreibung des Klosters verdanken wir wesentliche Kenntnisse über die Periode der staufisch-welfischen Auseinandersetzungen. Neben der Handschriftenmalerei blühte die Goldschmiedekunst. Bis zu seiner Säkularisierung im Jahre 1802 zeichnete sich das Kloster durch Zucht und Kulturleistungen aus. Politisch hatte es sich seit 1365 gegen die Absichten der württembergischen Vögte, aus ihrem Vogteireicht ein hoheitliches Territorialrecht zu machen, zu wehren. 1749 konnte sich das Kloster freikaufen und reichsunmittelbar werden.

116. Heiligkreuztal, Christus-Johannes-Gruppe Die Darstellung zeigt den Lieblingsjünger Johannes an der Brust seines Herrn während des Abendmahls. Johannesminne genannt, zählt das Motiv zu den sog. Andachtsbildern, wie sie besonders in schwäbischen Frauenklöstern in Perioden der Mystik beliebt waren. Die Gruppe ist äußerst selten, die Johannesminne des ehemaligen Zisterzienserinnenklosters die einzige, die sich noch nicht in einem Museum befindet. Sie entstand um 1350. Ein um 1300 geschaffenes Exemplar gelangte von der Schülzburg an das Cleveland-Museum in USA. Die etwa gleichaltrige Gruppe des Württembergischen Landesmuseums ist seeschwäbischer Herkunft. Die mehrfach veränderte Basilika der noch immer eindrucksvollen Klosteranlage Heiligkreuztal besitzt Wandmalereien des Meisters von Meßkirch (1533) und Glasgemälde des beginnenden 14. Jahrhunderts.

Zollernalb

117. Burg Hohenzollern Die Stammburg des Geschlechts der Zollern ist ihrer Lage und Geschichte wegen die meistbesuchte Burg der Alb. Sie beherbergt das Hohenzollernmuseum mit Gegenständen, die größtenteils aus dem Besitz des ehemaligen preußischen Königshauses stammen. Drei romanische Reliefplatten in der Michaelskapelle aus dem beginnenden 12. Jahrhundert zählen zu den Kostbarkeiten des Landes. Die seit 1922 bestehende Hohenzollerische Landessammlung in Hechingen zeigt die vor- und frühgeschichtlichen Funde der Gegend, volkskundliches Gut und eine Reihe bemerkenswerter mittelalterlicher Plastiken und Gemälde. Wichtige Kunstziele in der Nachbarschaft des Hohenzollern sind die staufische Weilerkirche in Owingen (12. Jh.), die Chorfenster der ehemaligen Klosterkirche Stetten im Gnadental (13. Jh.) und die ehemalige Klosterkirche St. Lutzen (1586/1589) in Hechingen.

118./119. Hohenzollern, Luftbild Der Zollerberg mit dem Sattel zum Naturschutzgebiet Zellerhorn bildet die Vordergrundsilhouette vor dem breit ausgeräumten Tal von Weiherbach und Starzel. Am linken Bildrand folgen einander im oberen Viertel der dunkle Rücken des Dreifürstenstein (860 m), der Farrenberg (820 m), der Roßberg (869 m), dessen Turm noch erkennbar ist und die zwei Wächter Reutlingens, Georgenberg und Achalm. Von der Rückenlinie des Dreifürstensteins findet der Blick nach rechts zum Kornbühl mit der Salmendinger Kapelle, sein Kegel sitzt wie das Korn über der Kimme des Zollernsattels, der nach rechts weiterleitet zum Nägelehaus auf dem 956 m hohen Raichberg.

120./121. Burgfelden, Michaelskirche, Fresken Die Wandfresken in der Michaelskirche von Burgfelden bilden einen 2,4 m hohen Fries, den oben ein Mäanderstreifen, unten ein Rosettenband einfaßt (16,7 : 7,6 m). Die Aufnahme zeigt den besterhaltenen Teil, das Jüngste Gericht der Ostwand. Die stilistische Verwandtschaft mit den Wandmalereien in Reichenau-Niederzell legt die Mitte des 12. Jahrhunderts als wahrscheinliches Entstehungsdatum nahe. Nach Eugen Gradmann bilden die Fresken »bis jetzt die wichtigste Quelle für die Kenntnis der schwäbischen Bildanschauung in romanischer Zeit«. Auftraggeber dürfte das elsässische Kloster Ottmarsheim gewesen sein, dem Graf Rudolf von Habsburg 1064 den Burgfeldener Herrensitz samt der Michaelskirche übergab. Die Pfarrkirche St. Michael von Burgfelden liegt inmitten eines Friedhofs, der schon in der alamannischen Reihengräberzeit belegt wurde. Sie bezeichnet also einen frühgeschichtlichen Siedlungsplatz und zählt zu den Tauf- und Urkirchen. Dem heutigen einfachen Saalbau gingen kleinere Kirchen des 8. und 9. Jahrhunderts voraus, der Turm stammt noch aus dem 11. Jahrhundert und erinnert an Tessiner Glockentürme. Es ist wahrscheinlich, daß Burgfelden im Früh- und Hochmittelalter Sitz einer kleinen Herrschaft war, aus der sich die Herrschaft Schalksburg entwickelte.

122. Felsen bei der Schalksburg Die für die Balinger Alb typischen »verschwammten«, senkrecht aufsteigenden Riffklötze und ihre charakteristische Flora, die die Ränder durchwurzelt, machen die Sprengwirkung deutlich, mit der die Pflanzen die Verwitterungsarbeit von Wasser, Frost und Wind unterstützt. Die Schalksburg (867 m) über Laufen an der Eyach hinterließ einen Bergfried aus Buckelquadern. Sie sitzt auf einem schwer zugänglichen Felsareal, auf dem ursprünglich zwei Burgen standen. Deren größere kam vor 1250 in den Besitz der Grafen von Zollern und wurde 1403 württembergisch. Der Schalksburg gegenüber erhebt sich südlich der Eyach der Gräbelesberg (915 m). Keltische Schanzwerke bezeugen, daß auch er gleich dem Lochenstein eine vorgeschichtliche Festung war.

123. Balingen, Zollernschlößle Balingen ist eine Stadtgründung der Grafen von Zollern, Vorort der zollerischen Herrschaft Schalksburg, mit der es 1403 an Württemberg kam. Das nach altem Vorbild 1936 wieder aufgebaute Zollernschloß war einst Sitz der Obervögte, heute ist es ein besuchenswertes Heimatmuseum. Seine geologische Sammlung zeigt Entstehung und Aufbau der Juralandschaft, die archäologische Abteilung dokumentiert die Grabungen auf dem Lochenstein und dem Häsenbühl, eine dritte Sammlung gilt der Heimatgeschichte. Eindrucksvoll belegt das Museum mit Funden, Geräten und Maschinen die Bedeutsamkeit des Lochenpaßgebiets als vor- und frühgeschichtlichem Albüberquerungsraum, die Entwicklung Balingens als Markt- und Amtsort an der Fernstraße Schaffhausen–Cannstatt und die Phasen seiner Industrialisierung. Ein spezielles Waagenmuseum gehört zu den Besonderheiten im Museumsbild des Landes.

124. Albstadt, Luftbild Einer geschuppten Echse gleich hält die Albstadt die alte Durchgangszone vom Eyachtal zum Schmiechatal besetzt; die Taldiagonale mit Ebingen im Vordergrund zeigt den Verlauf der historischen Furt zwischen Neckar und Donau. Der oberen Schmiecha (rechte Bildhälfte) folgend, sind Truchtelfingen, Tailfingen und Onstmettingen Ebingen nahe gerückt. Genau über Onstmettingen ist der Hohenzollern erkennbar, hinter ihm Hechingen. Von den westlichen Stadtrandsiedlungen Ebingens findet der Blick nach links zur europäischen Wasserscheide genau am Bildrand, wo bei Lautlingen die Eyach einen Bogen macht, Margrethausen und Pfeffingen zu, dem von Osten her Tailfingen seine westliche Siedlung entgegenschiebt. Ein Bild wie dieses – wer hätte es vor wenigen Jahrzehnten noch auf der Alb vermuten können? Die Zeugmacherei, und die Samtfabrikation, die Strumpfwirkerei und die Trikotindustrie, zuletzt die feinmechanische und metallverarbeitende Industrie mit der Waagen- und Nadelfabrikation sowie viele Dienstleistungsbetriebe haben seit dem Zweiten Weltkrieg hier in wörtlichem Sinn Geographie gemacht. Ein Glück, daß die fast 1000 Meter hohen Berge dieses Landschaftsrechtecks das landschaftsfressende Ausufern hemmen. Das Gebiet ist reich an vorgeschichtlichen und römischen Fundstätten. Die Leitung des Ebinger Heimatmuseums ist bemüht, die Kriegsverluste der Sammlung auszugleichen.

125. Flug über den Lochenstein Das Tal zur Linken erlaubt die Orientierung, die Maschine hat Ostkurs. Links Laufen a. d. Eyach; seine Galluskirche verweist darauf, daß es im hohen Mittelalter zu guten Teilen dem Kloster St. Gallen gehörte. Hinter ihm Lautlingen, ein frühchristlicher Ort mit dem Schloß der Schenken von Stauffenberg. Am oberen Bildrand: Ebingens westliche Vorstadt. Den Vordergrund hält der Schafberg (996 m) besetzt, dicht gefolgt vom Lochenstein (963 m), mit dem urtümlichen Mischwald-Schutzgebiet »Untereck«. Den Mittelgrund der Traufseite bestimmt die felsige Stirn des Hörnle (956 m), dessen waldfreie Hochfläche nach Tieringen zu abflacht (rechts im Bild); den kleinen Ort hat die europäische Wasserscheide von Schlichem–Neckar und Bära–Donau bekanntgemacht. Genau über Tieringen wird, in fast 1000 m Höhe, das industriell orientierte Bauerndorf Hossingen erkennbar; noch bis zur letzten Jahrhundertwende führte der kürzeste Weg von Hossingen nach Laufen und Lautlingen über die »Hossinger Leiter«, zwei Holzleitern an der Felsenmauer beim wildromantischen Bronntal. Alles in allem – Rand und Rahmen einer stark zertalten Durchgangslandschaft, die, von Felsen und Burgen bewacht, die Hardt und den strengen Heuberg aufschließt. Die Eyach und die Steinlach mit ihren vielen Seitenbächen haben für diesen Durchgang südlich Balingen eine breite Auffangzone ausgeräumt, der Kleine Heuberg ist deren westlicher, der mächtige Plettenberg (1002 m) mit Schafberg und Lochen ihr östlicher Flankenschutz. Die geschichtlichen Lebenslinien dieses Durchgangsraums verweisen darum auch gleichermaßen zu Donau und Oberland wie zu Neckar und Schwarzwald.

126. Blumen der Alb Die Schwäbische Alb kommt als Kalkgebirge den Bedürfnissen vieler Pflanzen sehr entgegen. Sie ist daher außerordentlich artenreich. Die *Küchenschelle* (Pulsatilla vulgaris), Bildmitte, ist ein prächtiger Frühlingsschmuck unserer Steppenheide-Magerrasen. Der *Frühlingsenzian* (Gentiana verna), Mitte links, legt im April leuchtend blaue Teppiche auf den Heideboden. Die Familie der Orchideen ist auf der Schwäbischen Alb mit über 35 Arten vertreten. Das *Helmknabenkraut* (Orchis militaris), unten rechts, das *Männliche Knabenkraut* (Orchis mascula), oben links, die *Hundswurz* (Anacamptis pyramidalis), oben rechts, die *Fliegen-Ragwurz* (Ophrys muscifera), Mitte rechts, und das *Rote Waldvöglein* (Cephalanthera rubra), Mitte oben, gehören zu ihr. Der Formenreichtum unserer Orchideen erscheint unerschöpflich; zusammen mit ihrer hohen Farbintensität bilden sie die auffälligsten Erscheinungen der Pflanzenwelt. Daher sind die Orchideen auch besonders gefährdet. Die *Felsenhungerblume* (Draba aizoides), Mitte unten, ist ein Kreuzblütler. Als eigentlich alpine Pflanze gilt sie auf der Alb als Eiszeitrelikt. Die Hungerblume ist ein echter Hungerkünstler; in feinsten Felsspalten weiß sie ihre Nahrung zu finden. Auch der sehr seltene *Traubensteinbrech* (Saxifraga aizoon), unten links, wächst wie der Name sagt, auf steinigem Boden.

127. Silberdistel Die Distel ist das populär gewordene Signal der Alb und ihrer Freunde auf Wanderwegen und der Schwäbischen Albstraße. Die Wetter- oder Silberdistel, für Botaniker die »Stengellose Eberwurz«, ist der Schmuck sonniger Abhänge und Schafweiden, ihre Blüte kann bis zu 12 Zentimeter Durchmesser haben. 60 bis 70 Hüllblätter bilden einen mit der Sonne sich öffnenden Strahlenkranz. Auch die Bergdistel hat unter den Felspflanzen des Berggürtels ihre schätzenswerte Rolle, als Pionierpflanze und Schuttfestiger.

128. Am Weg zur Schalksburg Mit Steilhängen und unbefahrbaren Zugängen wehrt die Berginsel über dem Eyachtal den Autowanderer ab; auf der rauhen, windigen Hochalb mit ihrer kalten Luft, die nur wenig Wasserdunst halten kann, haben auch die armen und genügsamen Dinge Hausrecht und mit ihnen die Einsamkeit. Aufnahmen wie diese sperren sich gegen Auskünfte über Böden, Bodenskelett, Kalkscherben, Verwitterung, Klimazahlen, Nutzungswert, ihre graphischen Zeichen stehen stumm zwischen Lebensfülle und Tod. In solchen Bildern sind die Sinnierer der Alb daheim, die Graphiker, die Maler, die Dichter.

Heuberg und Donautal

129. Sigmaringen, Fürstliches Museum, »Marientod« des Meisters von Meßkirch Der seit etwa 1530 in Meßkirch tätige seeschwäbische Maler schöpfte aus der Tradition des Dürerkreises. Mit Werken seiner etwas älteren Zeitgenossen der Ulmer Schule und des Meisters von Sigmaringen repräsentiert das Fürstlich Hohenzollerische Museum die Spätperiode der gotischen Malerei in Oberdeutschland. Die bedeutendste Altartafel der Sigmaringen benachbarten Kirchen ist das Gemälde »Christi Geburt« (um 1495) von Bartholomäus Zeitblom in der Pfarrkirche von Bingen.

130./131. Schloß Sigmaringen Seine heutige Gestalt erhielt das Schloß der Fürsten von Hohenzollern-Sigmaringen erst nach 1893, als der Münchener Emanuel von Seidel eine umfassende Erneuerung des von einem Brand verwüsteten Bauwerks vornahm. Den mittelalterlichen Burgkern, der 1534 in zollerischen Besitz kam, haben spätere Erweiterungen und Umbauten in eine langgezogene, im Grunde jedoch einfach gebliebene Schloßanlage einbezogen. Links das Hochschloß (um 1900), rechts der Fürst-Josephsbau von H. Alberthal (1627/1630) und der Schloßturm (1903). Große Geschichtsdaten weist das Schloß nicht auf, es sei denn, man nähme des Martin Zeiller Bericht von 1643 als solches: »Kayser Henricus IV. hat allhie seinen Schwagern/Hertzog Rudolphen von Schwaben / der sich wider ihn zum König Crönen lassen / im Castell belägert / vnd ihn van dannen / biß in Sachsen vertrieben.« Das Schloßmuseum umfaßt eine frühgeschichtliche, mittelalterliche und waffengeschichtliche Sammlung.

132. Kloster Beuron im Donautal Das Benediktinerkloster, eine der wenigen Erzabteien des Ordens, ist kaum 100 Jahre alt. An seiner Stelle lag ein um 1097 gegründetes Chorherrnstift der Augustiner, das 1802 säkularisiert wurde, nachdem es rund 70 Jahre zuvor die neue barocke Klosteranlage geschaffen hatte. Ihre zwei Kernstücke zeigt das Bild: die Kirche St. Martin und Maria (1732/1738), eine vorarlbergische Wandpfeilerkirche von Matthäus Scharpf mit reicher Stuckzier und die Klausurgebäude (1694–1705) des Vorarlbergers Franz Beer. Das Benediktinerkloster wurde 1862 gegründet, sechs Jahre später zur Abtei erhoben, 1875 geschlossen im Zug des preußischen Klosteraufhebungsgesetzes und 1887 wieder eröffnet. Seine Verdienste um die katholische Liturgie sind bedeutend, sein Bemühen um eine erneuerte christliche Kunst (Desiderius Lenz: Beuroner

Stil) blieb ohne dauerndes Echo. Zu einzigartigem Ruf kam das Beuroner Vetus-Latina-Institut, das Bruchstücke alter Bibelübersetzungen (Palimpseste) erforscht. Der Peterfels und die Felsgalerie des Rauhen Steins oder des Spaltfelsens sind auch als vorgeschichtliche Fundstätten bekannt.

133. Donautal mit Schloß Werenwag »Die großartigste Szenerie in der südlichen Alblandschaft schuf die Natur dort, wo sie den breiten Gebirgsstock mit Gewalt zerrissen und so durch die klaffenden Spalten dem Abfluß der Wasserfluten des einen Beckens in das andere, von West nach Ost, eine Rinne gezogen hat . . . Die Hänge werden steiler und immer höher und in gewaltigem Kranze reihen sich die Felsen, die erst einzeln oder in kleineren Gruppen zutage getreten, als gigantische Höhenzüge aneinander. Die Formen wechseln beim Weiterdringen jeden Augenblick. Bald scheint das Tal in einem weiten Kesselrund sein Ende zu finden, bald von einer jäh abstürzenden Felswand quer abgeschnitten; oder es öffnen sich tiefe Schluchten und hoch am Felsrand gähnt weitaufgerissen der Schlund von Höhlen und Grotten.« So beschrieb Gustav Ströhmfeld 1893 seine Begegnung mit dem Durchbruchstal der Donau. Unsere Aufnahme zeigt den mittleren Abschnitt des Tals mit der Burg Werenwag (links), deren heutiges Bild das 17. und 18. Jahrhundert prägten; ihre Vorgängerburg bezog die kühne Felsposition bereits im 11. Jahrhundert.

134. Flug über das Donautal Im Vordergrund Beuron, auch in seinem äußeren Erscheinungsbild ein Spiegel benediktinischer Regel. Die von Südwest kommende Maschine hat bereits das Banngebiet »Stiegelefels« bei Fridingen, Schloß Bronnen und den Knopfmacherfelsen überflogen. Rechts über der zweiten Schleife zeigt sich Burg Wildenstein, ein schon 1077 beurkundeter Burgsitz, dem die Grafen von Zimmern 1513/1554 seine imponierende Gestalt gaben. Links voraus Burg Werenwag mit dem zerklüfteten Kranzgesims gegenüber. Die Getreidefelder zu beiden Seiten des Mäandertals gehören links zum Heuberg, zur Rechten weisen sie nach Oberschwaben.

135. Wildenstein »vestung« nennt der Kupferstich aus der Topographia Sueviae des Matthäus Merian 1643 die Burg über dem Donautal. Er zeigt sie zweiteilig: als eine von der Hochfläche abgesetzte Vorburg und als eine auf steiler Felspyramide thronende Hauptburg; ein schlanker hochgemauerter Pfeiler ermöglicht die Zugbrückenverbindung zwischen beiden. Die Wirklichkeit von heute zeigt ein kompakteres Bild, an Abenteuerlichkeit läßt es trotzdem nichts zu wünschen übrig. Kaum zu glauben, daß der Wildensteiner Altar der Donaueschinger Gemäldegalerie für die Kapelle dieses Adelssitzes gemalt wurde, eher schon, daß die Burg im 18. Jahrhundert auch Gefängnis war. Das Deutsche Jugendherbergswerk hat Wildenstein in jüngster Zeit seinen Aufgaben dienstbar gemacht, die Restaurierung gilt als beispielhaft. Das Wanderheim »Rauher Stein« des Albvereins befindet sich gegenüber der Burg auf der linken Talseite, ebenso das Naturschutzgebiet »Irrendorfer Hart«.

136. Dreifaltigkeitsberg mit Blick auf den Lemberg Mit dem Dreifaltigkeitsberg (983 m) bei Spaichingen ließ der altwürttembergische Schulsack die Schwäbische Alb beginnen, mit dem Ipf bei Bopfingen ließ er sie aufhören. Die Geologen drücken sich differenzierter aus, doch sei's drum: seinen Ruf als Initiale der Alb hat der Dreifaltigkeitsberg behauptet. Der Berg, ein uralter Siedlungsplatz, trägt auf seinem Plateau eine barocke Wallfahrtskirche mit flacher Vierungskuppel, ihren Turm verunstaltet eine Aussichtsplattform. Der Blick zur Bildmitte hin findet am Horizont den Lemberg, den mit 1015 m höchsten Berg der Schwäbischen Alb, hinter ihm streckt sich der Hochberg (1009 m) der Lützelalb zu. Die Gebäude im Wald vor dem Lemberg gehören zum Sportflugplatz Klippeneck, zu dem von Denkingen aus eine Straße sich in munteren Schleifen emporwindet, um dem Einzugsbereich des Neckarvorlandes, das links des Lembergs zu sehen ist, zu entfliehen.

137. Mühlheim, Stadtmauer von Süden Bei Mühlheim setzt die obere Donau zu ihrer ersten großen Schleifenfolge um die Felsenburg Alt-Fridingen und das Städtchen Fridingen an, um kurz hinterher den Versickerungsgefahren fast zu erliegen. Rund 150 m tief liegt hier das Durchbruchstal unter den Feldfluren und Hardten der Albhochfläche, reizvoll zwei Stadtbilder rahmend, die noch viel Altertümliches bewahrt haben. Mühlheim ist eine Gründung der Grafen von Zollern; bald nach 1200 wiesen sie ihm den erhöhten Platz auf einer Bergzunge am Talrand an. Rund 100 Jahre später setzten die Grafen von Hohenberg flußabwärts ihre Stadtgründung Fridingen den ihnen mißliebig gewordenen Zollern entgegen. Die Spannungen waren rasch vergessen, doch Mühlheim und Fridingen verdanken ihnen ihre Ummauerung. Für Mühlheim charakteristisch ist die Südseite der Stadt mit den über die Mauer gebauten Wohnhäusern. Für Fridingen ist neben dem bedeutenden steinzeitlichen Fundplatz Jägerhaushöhle vor allem das Natur- und Vogelschutzgebiet Stiegelefels zu nennen.

138. Blick vom Witthoh zum Hegau Eine Schafherde im Vordergrund; die schotterbedeckte Kuppe des Witthoh (860 m) südlich von Tuttlingen bietet gutes Weideland. Der Blick geht nach Südwesten: zum Hohenhöwen und zum Hohenstoffeln. Die Baar ist eine Brückenlandschaft, ihr Bild erscheint beruhigter als das der Südwestalb, wenngleich es viele Züge gemeinsam hat mit der Heuberglandschaft östlich des Faulenbachs. Fühlt man schon den Schwarzwald mitsprechen, der vor vierhundert Jahren seine Nadelbäume auf die Alb zu schicken begann? Unsere Bilderfolge endet hier. Darf eine Bilderfolge von heute noch mit dem vertrauten Bild des Albschäfers schließen? Sie wird es wohl müssen, wenn auch mit unromantischem Vorzeichen. Nicht weil die Alb »von allen süddeutschen Landschaften für den sommerlichen Weidegang der Schafherden am besten geeignet ist« (Theodor Hornberger), sondern weil sich seit dem Rückgang der Albschäferei zeigt, welche Bedeutung die Schafweide für das Landschaftsgesicht der Schwäbischen Alb hat.

Zeittafel

Vor ca. 130–180 Mio. Jahren Jurazeit (Urweltmuseum Holzmaden)

Vor 60 Mio. Jahren Emporhebung des Albkörpers

Vor 15 Mio. Jahren Vulkanismus. Entstehung von Ries und Steinheimer Becken

Vor 50 000 Jahren Jüngere Altsteinzeit (Neandertalgruppen), Höhlenbären der Reutlinger Alb und des Lonetals

Vor 30 000 Jahren Altmensch (homo sapiens diluvialis). Klingenkulturen. Körperschmuck. Elfenbeinschnitzereien der Vogelherdhöhle

Um 10 000 v. Chr. Ende der letzten Eiszeit

Um 4 000–2 000 v. Chr. Mittel- und Jungsteinzeit. Ackerbau und Viehzucht

Um 1200–700 v. Chr. Hügelgräber-Bronzezeit und frühe Eisenzeit. Alb wird besiedelt

Um 650–450 v. Chr. Hallstattkultur und frühe Latènezeit. Blüte der »Albburgen« (Ipf, Goldberg, Lochenstein, Heuneberg, Fürstengrabhügel Hohmichele bei Hundersingen)

Um 450–30 v. Chr. Keltische Fliehburgen. Oppidum Heidengraben

Um 15 v. Chr.–259/60 Römische Periode. Stufenweises Vordringen von der oberen Donau (Donaulimes) auf die Albhochfläche (Alblimes) bis zur Ostalb (Rätischer Limes). Erschließung der Alb durch Römerstraßen, Gehöfte und Kastelle. Limesmuseum Aalen

3.–7. Jh. Alamannisch-fränkische Besiedlung. Reihengräberfriedhöfe

7./8. Jh. Christianisierung. Karolingische Zellen und Klostergründungen (Ellwangen, Herbrechtingen, Gmünd). Fernwirkung Reichenau und St. Gallen

746 Aufhebung des alamannischen Herzogtums durch die karolingischen Franken (Cannstatter Blutbad)

917–1268 Herzogtum Schwaben als Teil des Römischen Reiches

1079 Friedrich I. von Staufen mit dem Herzogtum Schwaben belehnt. Beginn der Stauferzeit

Um 1050–um 1200 Zweite Welle der Klostergründungen (Blaubeuren, Zwiefalten, Neresheim, Anhausen, Beuron, Obermarchtal). Fernwirkung des Reformklosters Hirsau

1138–1250 Höhepunkt der Stauferzeit unter Friedrich I. Barbarossa (1152–1190) und Friedrich II. (1215–1250). Alb wird Land der Höhenburgen. Städtegründungen. Staufische Romanik

1268 Ende der Stauferzeit. Emporkommen der Grafen von Württemberg gegen den Widerstand der Reichsstädte unter Führung Ulms.

14./15. Jh. Blütezeit der freien Reichsstädte. Territoriale Zersplitterung. Bürgergotik

1442–1482 Teilung der Grafschaft Württemberg. Urach Residenz

1477 Universität Tübingen gegründet

1495 Herzogtum Württemberg

1524/25 Bauernkrieg

1530–1568 Ausbreitung der Reformation. Donaulinie wird Religionsgrenze

1539 Abt von Königsbronn beginnt Eisenerzverhüttung im Kochertal. Eisenwerk an der Brenz

1599 Webervorstädte in Urach und Heidenheim als herzoglich-württembergische Gründungen

1634 Schlacht von Nördlingen. Verwüstung der Ostalb. Entvölkerung der Alb als Folge des Dreißigjährigen Krieges (1618/48)

1649 Volksschulpflicht im Herzogtum Württemberg

1668 Fürstpropst von Ellwangen gründet Hüttenwerk Wasseralfingen

1699 Eisenhütte Ludwigstal (Bohnerze) bei Tuttlingen

1763 Pfarrer Ph. Matthäus Hahn in Onstmettingen begründet feinmechanische Tradition der Balinger Alb

1802 Territoriale Neugliederung. Säkularisierung. Ende der reichsfreien Städte und Stifte

1806–1918 Königreich Württemberg. Mediatisierung kleiner Reichsstände. Vereinheitlichung der Verwaltung

1836 Bauernbefreiung

1848–1854 Erneute Auswanderungswellen auf der Alb

1850 Überquerung der Alb durch die Eisenbahn. Geislinger Steige

1856–1870 Planmäßige Gewerbeförderung in den Albtälern durch Ferdinand Steinbeis

1871 Beginn der Albwasserversorgung

1888 Schwäbischer Albverein gegründet

1889 Friedrich A. von Quenstedt in Tübingen gestorben. Erforscher der Geologie der Alb. Aufgliederung nach Leitfossilien

1919 Demokratische Landesverfassung

1934 und 1957 Autobahn Kirchheim–Ulm (Albaufstieg)

1972 Landesplanungsgesetz und Denkmalschutzgesetz

Register

Fotonachweis

Albrecht Brugger, Stuttgart: Abb. 1 (2/25297 C), 2/3 (2/26011), 5 (2/25357 C), 10 (2/34407 C), 11 (2/34404 C), 18 (2/27814), 22/23 (2/38976 C), 24/25 (2/25293), 38/39 (2/37423), 44 (2/11370), 50/51 (2/10810), 52/53 (2/25822 C), 66 (2/35169), 67 (2/12901), 71 (2/33595 C), 75 (C 28/1), 79 (C 28/27), 88 (2/19577), 90/91 (2/21838), 92 (2/41692), 94/95 (2/16701 C), 98/99 (2/28275), 100 (2/25711 A), 101 (2/24466 CA), 114/115 (2/13679), 118/119 (2/5181), 124 (2/35057), 125 (2/35287), 134 (2/20830), 135 (2/7451), 136 (2/24011)
K. G. Eberle, Schwäbisch Gmünd: Abb. 21
Ottmar Engelhardt, Neresheim: Abb. 126
Joachim Feist, Pliezhausen: Abb. 122, 128
Dieter Geissler, Stuttgart: Abb. 33, 41, 42, 46, 65, 85, 86, 107, 123
Manfred Grohe, Kirchentellinsfurt: Abb. 97
Hermann Gruhler, Tuttlingen: Abb. 138
Hauff-Museum, Holzmaden: Abb. 47
Dr. Hellmut Hell, Reutlingen: Abb. 57, 62, 72, 76, 80, 89, 102, 105, 106, 108–112, 120, 121, 129, 137
Bernhard Hildebrand, Aalen: Abb. 4
Landesamt für Denkmalpflege, Außenstelle Tübingen: Abb. 103
Landesbildstelle Württemberg, Stuttgart: Abb. 14, 132
Hans Langer, Schwäbisch Gmünd: Abb. 27, 37
Franz Lazi, Stuttgart: Abb. 61, 104, 117
Rolf Lindel, Heidenheim: Umschlag, Abb. 7–9, 12, 13, 15–17, 19, 20, 34, 36, 56, 60
Heinz Lippott, Ulm: Abb. 78, 81–84
Peter-J. Löhle, Stuttgart: Abb. 93
Gebr. Metz, Tübingen: Abb. 96
Ursula Pfistermeister, Fürnried: Abb. 49, 87, 116, 127
Toni Schneiders, Lindau: Abb. 63, 77, 113
Staatliches Amt für Denkmalpflege, Stuttgart: Abb. 48
Traute Uhland-Clauss, Esslingen: Abb. 26, 28–32, 35, 40, 43, 45, 54, 55, 58, 59, 64, 68–70, 73, 74
Carl Zeiss, Oberkochen: Abb. 6
Otto Ziegler, Schwabach: Abb. 130/131, 133

Konzeption: Hans Schleuning
Schutzumschlag: Rolf Bisterfeld unter
Verwendung eines Fotos von Rolf Lindel
Vorsatzkarte: Eckart Munz

3. Auflage 1981
ISBN 3 8062 0228 1

Satz, Druck und Reproduktionen: Grafische Betriebe
Süddeutscher Zeitungsdienst, Aalen
Printed in Germany

Panorama der Schwäbischen Alb vom Hohenstaufen bis zum Hohenzollern.
Oben: aufgenommen vom Floriansberg.
Unten: aufgenommen von der Degerschlachter Höhe.
Nach der Natur gezeichnet und lithographiert von E. Emminger um 1850.
Die Vorlagen für diesen Nachdruck wurden freundlicherweise von der Württembergischen Landesbibliothek Stuttgart zur Verfügung gestellt.